武生王靚次伯——千斤力萬縷情

黎玉樞統籌
盧瑋鑾、張敏慧主編

看花賞月

靚次伯（樓內）攝於三十年代

目錄

第一輯　生平與自述

第二輯　藝術成就

第三輯　紀念文章

第一輯　生平與自述

一九五二年在鴻運劇團演出《富士山之戀》的扮相

靚次伯小傳

張敏慧

靚次伯（一九零四—一九九二），原名黎松柏，又名黎次伯，書名黎國祥，廣東新會人，生於粵劇世家。二哥黎松廣，藝名靚東廣，又名靚廣。三哥黎松兆，藝名新太子卓。靚次伯排行第四，專攻武生行當，演藝功架屬粵劇南派，人稱四叔，舞台藝齡超過六十年。

靚次伯十六歲入行，正式紅船戲班出身。最初跟三哥落班，在「寰球樂」做眾人中軍（可供人使喚的「後生」，沒有踏台板資格）。一年後開始趯兵，做堂旦手下，然後升做六分（開臉的打仔閒角），跑龍套。十八歲開始做第三武生，兩三年內由第三武生、第二武生，逐步升到正印武生。第一次擔正印武生的戲班是「祝華年」，之後的十多年，歷任「祝華年」、「頌太平」、「人壽年」、「勝壽年」、「勝利年」等巨型戲班正印武生位置。

靚次伯在二十年代已奠定騎龍武生地位。三十年代，他經常在省港澳、南番順及四鄉演出，又到南洋等地登台。他參加的勝壽年劇團曾在上海廣東大舞台公演七個月，一九三六至三九年間赴美國三藩市、紐約等地巡迴演出。首本戲有《伍員夜出昭關》、《四郎回營》、《沙陀國借兵》、《六郎罪子》等等，《龍虎渡姜公》中姜子牙一角最膾炙人口。

一九四一年香港淪陷，靚次伯遷返廣州，先後參加「日月星」、「太上」、「錦添花」等劇團，在廣州、四鄉及澳門演出。太上劇團散班後，靚次伯過「新聲」，在這個港澳著名長壽戲班掛頭牌，演出《殺子奉君王》、《金兀朮》等，都以武生擔戲。

和平後，靚次伯加入多個劇團，包括「大鳳凰」、「寶豐」、「五福」、「金鳳屏」、「新艷陽」、「鴻運」、「麗聲」、「祁筱英」、「新利年」等等。自「新聲」、「鴻運」至「仙鳳鳴」，靚次伯一直保持與任劍輝、白雪仙拍檔。六十年代，他是「鳳求凰」、「新馬」、「家寶」、「巨紅天」、「慶新聲」、「頌新聲」等劇團的台柱。七十至八十年代，除了在「新金馬」、「英華年」

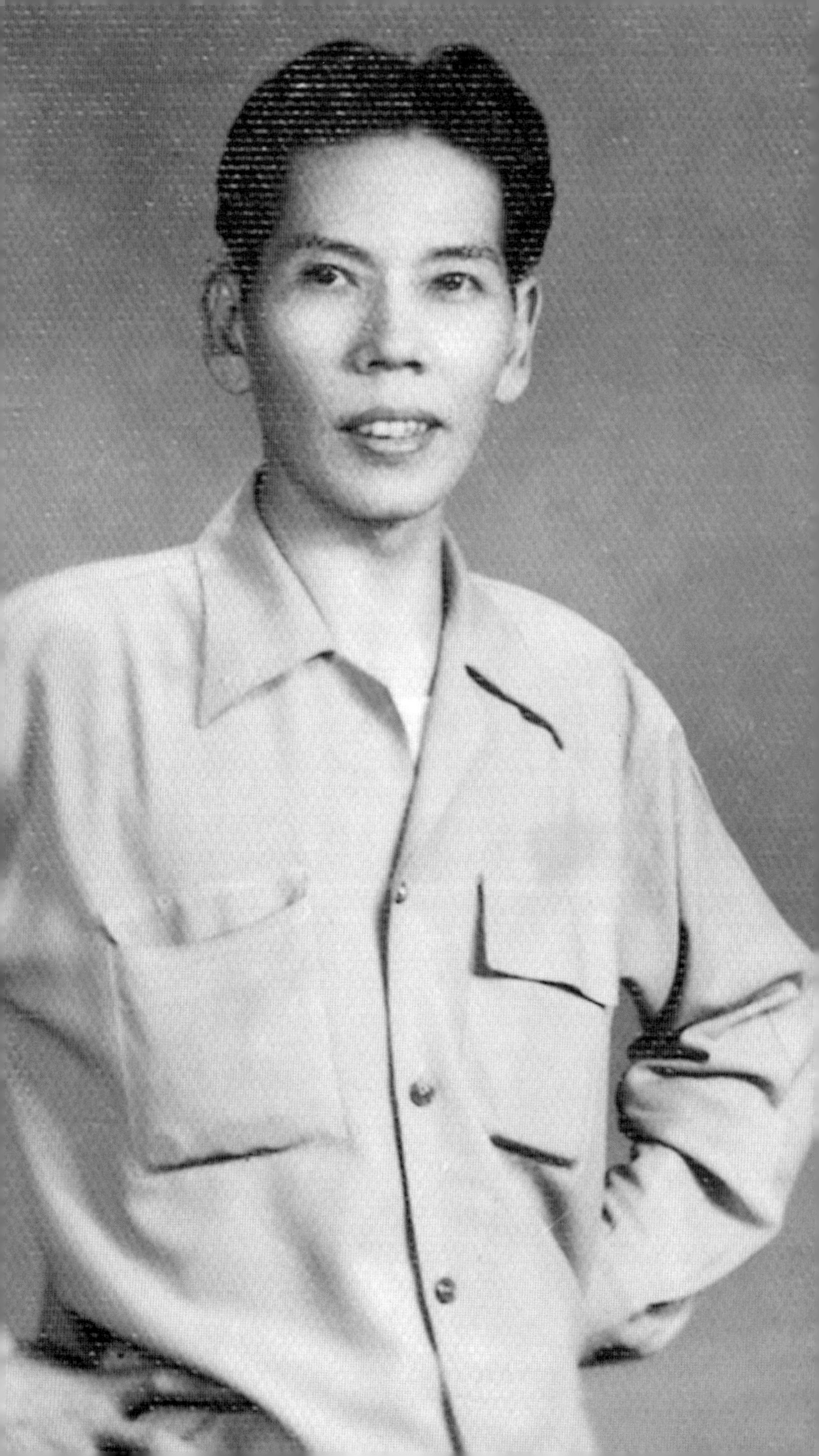

等劇團短暫演出外，主力在輔助雛鳳鳴劇團，直到一九八九年掛靴退下舞台。

初入戲班時，靚次伯拜武生靚大方為師，後與薛覺先同向名小武朱次伯學習唱做身段，更取名次伯。他唱做都曾下苦功，既與京劇名角交流鬚生表演藝術，也從不同藝人身上吸取多種專長，包括公腳南的鬚功，新外江伶的耍牙簡，癲堂、蔡新標的坐車，龍舟珠的龍舟、南音。靚次伯戲路廣，掛鬚、開面、老旦、頑笑旦，造詣全面。封相坐車、鬚功腿功、古老排場獨步梨園，公認為粵劇劇藝一絕，「武生王」稱譽當之無愧。直到今天，粵劇界還沒有人能出其右。

一九八零年省港紅伶大會串，他示範封相表演錄像，成為後學者學習教材。他亦曾返穗向廣州青年粵劇團傳授坐車心法。一九八九年，市政局及香港中文大學合辦傳統粵劇滙演，他擔任六國大封相藝術顧問，並且示範淨面跳加官排場功架。

靚次伯灌錄過不少唱片，唱腔獨特，蒼勁沉實，木魚、龍舟、南音，別具一格，撇喉古腔，尤見韻味。根據香港電影資料館檔案，他第一部電影是一九四零年自由公司出品的《萬里尋夫》。在超過一百四十部電影中，粵劇戲曲片佔絕大多數，包公、嚴嵩等人物唱功、做功的袍甲表演藝術，幸存部份光影片段。一九五八年的《韓湘子雪夜過情關》，他演韓愈〈雪擁藍關馬不前〉一段馬上功架，更是彌足珍貴。

靚次伯有一子一女，都不是戲行中人。侄兒黎成有藝名陸忠玲，黎成就藝名黎彼得，均從事演藝界。他生前指導過不少武生後輩，如蕭仲坤、賽麒麟、招石文等，正式傳藝授徒則只有一位居新加坡的入室弟子朱振邦。

一九九二年二月六日，一代梨園泰斗逝世，他和善謙厚的戲品人品，深受行內行外敬仰。

靚次伯（前排右四）與梁玉崑（左一）、李少芸（左二）、陳燕棠（左三）、麥炳榮（左五）、梁醒波（右五）、顧文娟（波嫂，右三）及佘麗珍（李少芸太太，右二）到新加坡登台時攝。

靚次伯四代家譜

- 黎松發（打金學徒，一九五三年歿）
  妻梁金（蘭）
  - 黎月琼（歿）
  - 黎孟威（一九六六年五月登台時歿）
    妻劉國美
    黃愛蓮
    - 黎樹垣
    - 黎樹祥
  - 黎成有（黎有玲，藝名陸忠玲）
    妻禤玉英
    謝翠珍
    - 黎美蓮
      婿馮福英
    - 黎寶蓮
      婿羅帶錦
    - 黎國基
    - 黎幗眉
  - 黎月好
  - 黎少珍
  - 黎浩聲
    - 黎瑞龍

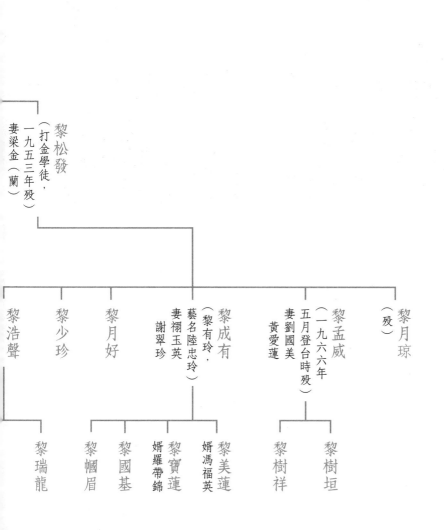

- 黎作蘭（私塾教師）妻黎譚氏
  另有二女：
  黎娥（嫁越南）
  黎彩（嫁廣州）
  - 黎松廣（黎廣，藝名靚東廣）妻黎倫氏 謝笑
    - 黎成就（藝名黎彼得）
      - 黎樹德
  - 黎松兆（藝名新太子卓，早歿）
  - 黎松柏（書名黎國祥、黎次伯，藝名靚次伯，一九九二年正月初三歿）妻黎徐氏 何漢英
    - 黎桂珍 婿凌釗垣
    - 黎玉樞 媳羅桂蓮
      - 黎樹坤

註

聞說祖先是由京郡（西安）遷落廣東省新會縣都會鄉，原為官宦之家。

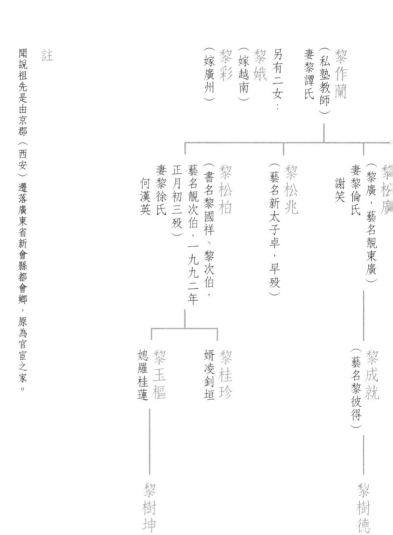

記父親生活點滴

黎玉樞

黎玉樞為紀念父親，出資興建仁濟醫院靚次伯紀念中學。圖為黎玉樞與該校的靚次伯銅像。

在我一歲的時候，我和父母親、姐姐、奶媽同住在中環威靈頓街六十四號二樓。一九三六年父親與靚少佳、何芙蓮等組班到美國紐約、華盛頓、三藩市登台，一去三年零九個月。回港後，就舉家搬到灣仔利園街（現改名利園山道）十七號二樓去。記憶中，對面有座利園山，還有嶺英中學。街內住了許多著名粵劇伶人，例如白駒榮、白雪仙就住在二十一號四樓。我憑着記憶，手繪了簡圖一幅，足見當年街坊盛況（參見附圖）。我們一家人在那裡居住了幾年。

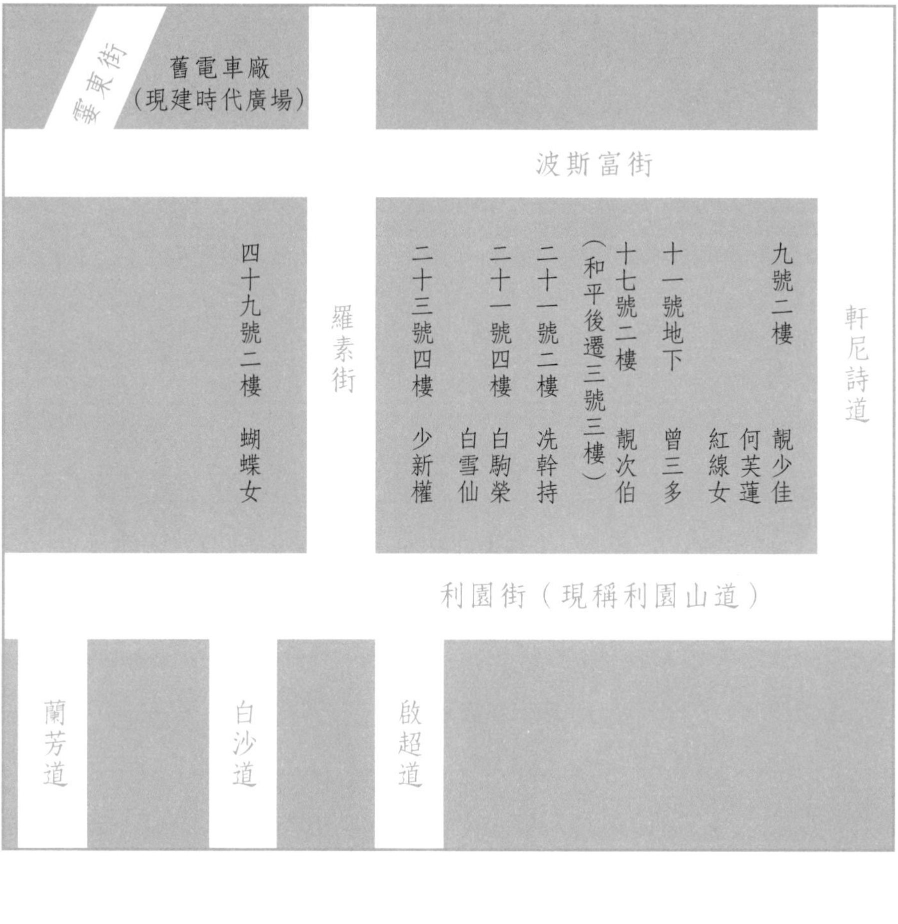
霎東街
舊電車廠
（現建時代廣場）
波斯富街
羅素街
軒尼詩道
九號二樓
靚少佳
何芙蓮
紅線女
十一號地下
曾三多
十七號二樓
（和平後遷三號三樓）
靚次伯
二十一號二樓
冼幹持
二十一號四樓
白駒榮
白雪仙
二十三號四樓
少新權
四十九號二樓
蝴蝶女
利園街（現稱利園山道）
蘭芳道
白沙道
啟超道

次伯與妻子何漢英

一九四一年十二月二十五日，日軍入侵香港，我們熬了一段艱難日子。翌年，我們舉家遷回廣州中華中路，即俗稱四牌樓居住。當時父親演出頻密，第二年隨太平劇團到澳門，就停留下來，以後還參加了新聲劇團，由於澳門當時在烽火之外，頗有昇平氣象，演出甚為叫座。父親一直逗留在澳門，到第二次世界大戰結束，才隨新聲劇團回到香港。

童年與父親相聚的機會不多，因為我在學校讀書，上課時間是朝九晚四；父親演戲，則往往至深夜才回家，到第二天中午才起床，所以父子見面，多在晚飯桌上。雖然見面時間不多，記憶中，父親從來不會責罵我或加以體罰，飯桌上也只閒話家常，他留給我的印象是位慈父。

父親是個和藹可親的老人家，不會對人發脾氣，更不會把外邊的不如意事帶回家，把家人當作發洩對象。他遇上什麼困難或問題，回到家裡，只會獨個兒坐着，沉默寡言，靜靜思想解決辦法。

父親晚年，我與他相聚時間較多，注意到他的生活起居習慣，我覺得他生活十分簡樸，很有規律，很值得我們參考。掛靴以後，他早睡早起，給自己充足睡眠，飲食均衡定時。他不吃油膩，極少吃肉類、酸辣刺激調味，受不了味精，也從不吃零食。他愛吃石斑魚、蔬菜、豆腐。他甚少吃補品，只在登台前首天，飲用一次高麗參茶。如遇上交際宴會，父親會先在家中吃過飯，然後才赴宴。席間，為了禮貌，只作蜻蜓點水式地舉箸。

晚年父親過着悠閒退休生活，他最喜歡獨自逛街散步。特別喜歡到維多利亞公園散步，及看小型足球表演。後來有了孫兒，就弄孫為樂。爺孫二人常在公園嬉戲踢球，成了一段老幼同樂的美好回憶。

一九九二年二月六日，是大年初三，早上，父親如常在八時十五分起床漱洗。他喝了一杯普洱茶，還在睡房裡吃了四小塊年糕。父親把盛過年糕的碟子放回客廳桌子上，又取了收音機回到房中。上午十一時，我問他要不要更換電芯，他回我說：「夠大聲嘞，唔需要換。」沒想到，這就是他的最後遺言。十一時十分，我再進房去，只見他坐在床側，斜倚在床頭櫃上，沒有動靜，昏迷了。我們立刻召喚救護車，把他送到養和醫院急救，可是已返魂乏術了。

父親就在毫無病痛中，安詳去世。我雖悲痛，但想到父親一生，只求寧靜，對人對事都十分和氣，他能吃過年糕，躺在床上，溘然而逝，總算是上天對他的恩賜。他在粵劇歷史中，留下光輝一頁，我想他也無憾了。

靚次伯與兒子、兒媳及孫兒，攝於一九九二年正月初一百德新街家中，乃靚次伯臨終前三天的最後遺照。

靚次伯與女兒（後排右）及外孫、外孫女。

四叔，為我們談梨園往事——訪靚次伯先生

靚次伯口述　張敏慧筆錄

我們——小思、伍屬梅、陸離、我，一直想找個機會跟靚次伯先生談談，做個訪問也好，聽他講經驗說感想也好，無論為了我們個人的滿足，還是讓別的粵劇愛好者對這位老藝人也多知一點點，總希望借個機會表達我們對他的敬意。終於通過雛鳳，我們約好了見面時間地點。

那天下午，我們剛到麒麟閣，茶還沒泡好，靚次伯先生就來了——比約定的時間早了十五分鐘，幸好我們也提早去。在沒見他之前，我們心裡都有個「難題」，該怎樣稱呼他才好。稱他靚次

伯先生呢又太客套，因為在我們心目中，他早已是個十分稔熟的老人家了。想來想去，還是等介紹時隨機應變吧，怎料負責介紹的雛鳳還沒來，他已經來了。總不成讓他獨個兒呆等，我們只好迎上前：「四叔，你來了，坐，坐。我們是約了您的……」咦？奇怪！「四叔」是行內對靚次伯先生的尊稱，怎麼我們竟衝口而出叫得那麼自然順暢？

他瞪着眼看看我們，又笑瞇瞇的說：「哦！哦！」大概他一時也搞不清楚誰是誰。沒關係，他就像個老祖父，對於他，我們一點也不陌生，很容易就聊起來。

準時，雛鳳到了。她們四個跟四叔就像祖孫輩般親近，一來到，氣氛就更熱鬧自然。這次虧她們幫忙，除了約好四叔外，在訪問中，也提出了問題。老實說，我們提問題，多少還畢竟是外行人語，她們本身是戲行子弟，提問當然來得深入和恰當，通過這次訪問，她們也像上了一次粵劇發展史課程呢！

訪問怎樣開始？

有時候，總覺得訪問心儀的人，做得一派公事公辦模樣，開了錄音機，中途又站起來拍個照，實在煞風景得很。我寧願靜靜地聆聽，深切地感受，仔細地看這老人家的一舉一動，但那天我們還是用上了錄音機、攝影機。

幸而，四叔真像個老祖父，他不停的：「喂！食嘢先！」的招呼着。（慣看他的觀眾，一定不會忘記他口中的「喂！」）我們就像孩提時候，上茶樓吃點心、聽老祖父講故事般，聽到四叔許多舞台上下的故事。……

「我十九歲開始，專做武生行當。做到今時今日了！我跟薛覺先同年，一起學藝。他學新少華，我學三哥新太子卓。差不多六十年前，朱次伯是最當紅的小武，年輕一輩都很仰慕他的舞台造詣。薛覺先跟我一樣，很喜歡模仿朱次伯。唉！可惜！朱次伯年紀輕輕，竟為桃色事件死掉。」幾十年前的事了，但在回憶中，老人家還流露一臉深惜之情。

「『頌太平』班主看見觀眾忘不了朱次伯，而我舉手投足又實在像他，於是勸我改個藝名叫次伯。那時候，我廿歲剛出頭，看樣子也很『靚仔』，就決定改名靚次伯。」

「海報貼出來，上面寫着『文武生靚次伯』，其他有小武新周瑜林，綱巾邊（丑生）靚蛇仔。再一看，哥哥是正小生。那麼，我豈不是跟哥哥同一行當？就向班主解釋，堅決不肯跟哥哥搶飯吃。班主卻不答應收回訂金。最後，我想出一個折衷辦法，叫班主在海報的『文武生』上面，加個

『鬚』字，那就是『文武鬚生靚次伯』了。」

「雖然朱次伯允文允武，但從前粵劇班裡沒有『文武生』這名稱。一般戲班裡，有五個小武，三個武生，四個小生。到薛覺先、馬師曾、廖俠懷領班開始，武生地位才逐漸降低。他們自己做班主，為了節省開支，認為一個武生已足夠，自己就做起『文武丑生』來。其他筆貼式（小武）總生、正貼二旦、夫旦大淨、大花面二花面、小生六分頭，甚至拉扯下欄等等，減到最低數目。弄得那些老叔父連忙跑到八和主席肖麗湘處哭訴，求八和會作主，解決他們的生計問題。開了三個多月的會議，問題還是解決不了。我親眼看見老叔父生活無着的下場，也覺得心酸。肖麗湘之後，薛覺先繼任八和主席，主意更堅決不肯改。唉！薛老揸（戲行對薛覺先的稱號）真的滅了不少戲人的飯碗呀！」

龍劍笙插問：「現在起班的時候，八和會總派一些人來幫忙，就是解決失業演員的辦法？」

「對！」

梅雪詩則說：「薛覺先的行為，不算是改革嗎？有點創新，總是好事呢！」

於一九四三年，惟圖中似未見靚次伯。

「嗯！」四叔沒搭腔，顯然仍沉浸在回憶中……

四叔想起初出道的滋味，真是又興奮又辛苦。

「我十六歲開始踏台板，演小兵卒，用不着開口說話，輕鬆得很。十九到廿一歲奠定我文武鬚生的地位。回想第一次掛鬚出場，緊張得一個人也看不見。兩個『車身』，鬚子一飛，不見了。後來，找呀找，原來鬚子竟然飛到舞台頂的棚架上去。真不知道怎麼一回事，想起來也覺得好笑。」

「初出來劈正本（演日戲）時，連日不停的做，真有點吃不消。日戲時間特別長，由下午兩點到晚上九點。在七個小時裡，要是做《四郎探母》，就唱個不停；要是做《伍員夜出昭關》，則做個半死。九點鐘才吃晚飯。大概十五分鐘後，夜戲接着開鑼，幸好夜戲多是生旦戲，武生戲份比較少，總算可以休息一下。」

「最要命的是做天光戲。尤其天氣寒冷，觀眾只有一兩個，也得老實演下去。要是欺場或胡亂的做，不光給觀眾『柴台』，還給班主罰多做兩本或罰一天戲金。」

說到這裡，四叔還加說了一個戲行故事：舞台上兩個人在做天光戲，看見僅有一個半醉的觀眾，就胡說八道起來，竟因此惹來麻煩。我們聽了笑得嘻嘻哈哈，但深想起來，不禁覺得當年紅船子弟的生涯很蒼涼。

究竟從前做大戲跟今天有什麼不同？四叔慢慢的作了一點分析。

「五十多年前，只有省城佛山設大戲院。梨園子弟為了生計，無不下鄉演大戲。每年農曆十二月十九日，大家一起回到紅船，暢聚一番。那時候，紅船就是我們的家。」

「初期的戲人全是男性。男女班只是近三四十年的事。馬師曾首創男女班，起用女花旦，譚蘭卿就是最早期男女班的坤伶。薛覺先也不再拍男花旦，後來跟上海妹合作。他們不在鄉下演出，全在省港戲院登台。」

「早期的戲班，沒有開戲師爺。我們全依着自己行當，學江湖十八本，做江湖十八本的戲目。從來沒有排戲這回事。要是提議排戲，人家就會譏笑你，為什麼不學好了才上台表演。」

「既然大家做的是江湖十八本，根本就用不着劇本。要是新劇上演，也只不過說說故事提綱。認真的生旦主角，或會坐下談談，討論唱做的默契問題。總的來說，從前的粵劇，完全談不上劇團整

聖
旨

體的組織和合作，有的只是個人技術表演。於是，每個行當都有首本戲，每個名藝人也有自己的首本戲。」

「從前新的劇目不多。好像我呀，參加人壽年劇團三年，只演出六大套戲。曲本多是梆黃，偶有的廣東小曲，都是每一個戲人熟悉的。經驗豐富的伶人，只要早上看看曲本，晚上就可以馬上演唱。但到了馬師曾、譚蘭卿組班時，每多『生聖人』出現。什麼時代曲、流行曲紛紛跑進曲本裡，小曲名目跟着多了起來。」

「近年來，我們辛苦多了。觀眾的要求一天比一天嚴格。現在，我們每做一次，都要講戲、排戲，那管新劇舊劇。為了吸引觀眾，一個劇團往往要推出新劇目。就一個認真嚴謹的劇團來說，演出之前，大家必須圍讀劇本，然後一段一節的排練，生旦或小組也要個別排演，最後是全體一起排練。在演出前一兩天，更要來個總綵排。現在不再是個人表演，而是團體合群的表現。」

「昔日的武生，就像今天的文武生一樣，有很多首本戲要學，而且很難學。」四叔又再緬懷過去學習的情景。「我們必須熟習《伍員夜出昭關》、《六郎罪子》、《四郎探母》、《沙陀國借兵》、《平貴回窰》等等。這都是每個武生不能不懂的首本戲。」

說起武生，說起四叔，我們一定難忘他在台上的那口鬚，和封相的坐車功架，自然也不放過這問題。

「做武生，一定要苦練一口鬚、功架和坐車。演嫩的掛黑鬍子，演老的則掛白鬍子。光是捋鬚、撚鬚、拋鬚的功夫，我對着鏡子整整練了三年。」

「坐車嘛，一定要苦練腿力腰力，還要擅長借力。表演時根柢一個不穩，立刻露出破綻。穿袍甲時，又得注意『反蹘』。而且，除了功夫了得，還得注意身段。一邊按着車子，一邊撫撫鬍子，上身像坐着車，兩腿擺出不同的坐車姿勢，態度要閒定，才算表演及格。」

嘩！怪不得四叔的拋鬚、坐車功架，戲行公認是絕技了。想來，要功夫到家，除了苦練，沒有什麼捷徑。

談到傳人問題，四叔似乎拒絕收納徒弟。

「年紀大了，一切不濟事。從前讀劇本，能夠過目不忘。現在捧着一個新劇本，起碼唸上十天才勉強記下。要是不純熟，走出台前也會結舌。手腳也愈來愈遲鈍不聽話。過去難度較高的功架，可以輕輕鬆鬆地應付，現在總覺力不從心。儘管最『拿手』的坐車吧，也漸覺吃力，有時候，甚至得花旦在後面幫一把勁呢！唉！」四叔說來不勝唏噓。

「武生這行當是不能缺少的，為什麼不打算收個徒兒？」

「從前教徒弟的方法很兒戲，我不願意害人家子弟。現在自己沒有精神魄力，又怎能夠教學生？況且，要是沒有悟性，弟子不會明白四兩撥千斤的借力奧秘；要是沒有毅力，不肯吃苦，紮實的功夫永遠練不出來。武生這行飯是不容易吃的。」

難道就憑這句話，教武生行當的出色傳統藝術，要逐漸式微？

大概話題說得沉重了些。四叔忽然又興致勃勃的講了許多紅船趣事，還繪影繪聲說了一個下鄉演戲遇鬼的恐怖真人真事。但跟他作別以後，我們心裡重重的帶住一些問題。……

事實上，四叔不光功架了得，演戲和唱腔也十分老到。去年年底，他回穗訪友。廣東粵劇學院連忙把握機會，請他示範六個封相的坐車絕藝，紅線女也求他傳授一闋南音古曲。通過錄影錄音方法，四叔給廣東年青粵劇學員留下一點心法。

香港八和會館粵劇學院有沒有做這等工作?有沒有設立一個資料館?一個成功藝人就是一塊瑰寶，是粵劇界的財產。要有系統地保留這些寶藏，不是個人能力範圍，而是八和會館全體人員的使命。

四叔的藝術和戲德，是粵劇藝人學習的對象。四叔的抓緊目標，鍥而不捨的苦學精神，同時是我們每一個人學習的對象。

（轉載自《大拇指半月刊》，一九八零年六月一日，第二版。）

粵劇武生行當的藝術發展

日期　一九八九年五月二十日

時間　星期六下午三時至五時

主持　黎鍵

講者　靚次伯

嘉賓　阮兆輝

摘錄　張敏慧

講座當天，四叔（行內外對靚次伯先生的尊稱）抱恙，雙手發抖。難得他愈講愈有神采，言談坦率、隨和、風趣，是一次親切且難忘的近距離接觸。

阮兆輝：在粵劇界中，四叔是一位無架子，又肯教人，而且很不保守的名演員。不論在粵劇藝術上，和平日規矩上，他在嚴守格律外，還可接受新的事物。在這個古典藝術的表演行業裡，此乃十分難得的前輩。現在就請四叔講講他的經歷和演藝心得。

學戲過程

靚次伯：十六歲入戲行，跟三哥新太子卓學戲。那時期武生、小武學戲非常嚴格，落鄉時每朝必要跟「叔父」輩去踩草皮練功，而小生、花旦亦要去，不過可以少練一些。要尊重及服從每個長輩前輩。除跟三哥在「寰球樂」學戲外，還拜正印武生靚大方為師，自己亦參與該班做第二武生。我喜歡他的藝術，所以跟着他落班，日日替他孭暖水壺做學徒。

得名由來

靚次伯：一個個時期的風氣，當時的藝人，很多都叫「靚乜」「靚物」，不用真姓名，亦有叫公爺乜，聲架乜等。「次伯」之名是與朱次伯有關。在當時「寰球樂」我與薛覺先同台，他跟小武新少華，而我就跟新太子卓。朱次伯是第二小武，正印小武是新周瑜林。班主原本訂他們二人是不分正副的，但新周瑜林不許，於是朱次伯在該班是第二小武。有一次，該台小生鄭錦濤病倒發高燒，第二天不能上演日戲《西廂待月》，必須找人頂替。新太子卓說懂得該段曲但不敢演。朱次伯卻說敢演，但不識該曲。於是家兄口述曲段，由朱次伯去演。演完後，看戲的太太團個個讚好，立即去信班主何老四（即新丁香耀岳父），要求朱次伯轉演齣頭（即夜戲）。太太團答允包起大、中位票房。這樣，朱次伯就紅起來。我與薛覺先天天纏着他，他日戲演完散場也不落台，留在台上吃飯，飯後找我和薛覺先陪他踢毽。漸漸我倆一舉手一投足都學他，同台師兄弟都說我最像他，甚至替我也改名「次伯」，其實薛覺先也像他。

入行過程

靚次伯：最初只做眾人「中軍」，無職位，無人工，是戲班人人都可以使喚的「後生」。十六歲起做了一年多中軍，才開始做堂旦手下。有一次，剛巧一個「六分」頭離團，六分是打仔之首，二花臉之尾的位置。我便接替了該位三個月，其後班主訂我做第三武生，是最初級的武生。從前武生在戲班中頗有地位，一個戲班裡有幾份位置，武生佔有重要一份，所以就選了這行當。（主持補充：從前武生在戲班排名首位，有「騎龍武生」的稱號。）

從前落鄉演戲是以日戲正本為主。晚上無電燈照明，全台只用三盞大光燈，光線昏暗，觀眾看得不清楚，所以正本戲安排在日場演出。

正本戲甚少打文鑼，全是武場戲居多，武生、小武吃重。落鄉戲一台五夜四日九套戲，正本戲有四套，我要「劈」三套，餘下一套給小武擔正。我經常做的首本戲有三套，最喜歡的是《伍員夜出昭關》。日間一時半開鑼，先演大送子，正本兩點開始，一個人主力直落做到黃昏六點，然後交給小生花旦做一會《下漁舟》。我就只有這約二十分鐘休息時間，跟着繼續做到晚上九點半才完成這齣正本。另一套叫《四郎回營》，京戲叫《四郎探母》，武生由坐宮、別宮、出關、會母、會弟到會妻，便要演足五個小時。第三套《李克用沙陀國借兵》，還有《六郎罪子》等，都是武生擔演正本戲。

藝術

靚次伯：髯口——武生要練鬚功，鬚分左右中三牙長鬚或滿鬍。我每天上班般朝九晚五對着大鏡練習，從不間斷地練了三年。鬚功學自一位叫公腳南的，他用兩隻手指把鬚一撣，長鬚像龍捲風般由上而下打轉，真架勢，我學不來。我只學到他撣五下鬚功，先右一下，左一下，兩邊鬚飄在肩膊上，第三下拋中間鬍子，待鬍子飄下時跟着再右一捋，左一捋，落回原位。後來我自創了一些鬚

功，例如洗面式捋鬚功。耍鬚時只暗借勁力帶動，頭部不宜大動作搖動。耍鬚時還得注意要控制得十分準確，不能把鬚拋後搭在帽翅上。演《帝女花》崇禎皇帝一介口時，當鬚口搭在肩上要取回一拉，手要伸得非常直，眼尾望着鬚口徐徐落下，此手法是自創的，要喚起觀眾的注意。

牙簡——我也經過長時期勤練。此藝術是偷師得來的。當年有一位武生叫新外江伶，他演〈三奏諫皇帝〉時，「拉山」拋鬚，牙簡放在掌上旋轉。一邊耍牙簡，一邊車身過位，這是絕技，我只學到牙簡在掌上旋轉但不敢過位，怕錯失了會丟架。

練功——每天早上隨同五軍虎一起練習鞠魚（掌上壓）九十餘下，還要練倒樹蔥、翻跟斗、一字馬等，但我只壁到八字馬，打大翻也不成。練功時做得不好，「叔父」輩都會指點。

老角戲——一舉一動要注意形態，平日留意老婆婆的日常舉動，頭頸微顫，垂肩。講易做難。走動時兩手平放，活像個老人家。

婆腳戲、花臉戲——行當亂了，也要適應做婆腳戲，花臉。還好我做過三個月六分，所以也懂做花臉戲。做花臉戲要剃去前額少許頭髮，因為剃髮後餘下小小髮腳，可食住水紗、網巾，演武場戲時就不會甩掉。以前行當位置分得很清楚，現在武生兼做其他行當，無辦法不如此，但事實上心裡不大高興。現在武生已需要演多方面角色，如花臉戲、婆腳戲，甚至丑生戲都兼埋，這樣不太好，因為不夠專一。記得要做婆腳戲時，先要踩一輪台練習練習，要形神似老太婆才正式演出。

封相坐車——封相中走圓台時，要帶着花旦車竹走動，同時留意坐車的形態，例如最後拋鬚一段，早三十多年前，恃着年輕，加了彈跳動作表演程式。被人批評不配合坐車老人的年齡，我接受意見，改為車輪撞倒石頭車身震動情節。屈腳功架是用靴頭尖貼地，腳趾反起向後屈低到貼地，該動作十分吃力。關於坐車起身時的力度，年輕時可隨意起落，現在年紀大，要用車竹輕輕傍着借力才起身。至於單腳坐姿最辛苦，另一腳翹起自由擺動，雙手抱膝，用盆骨腰力假意坐着，扮成悠閒地打瞌睡狀最要氣力。這些坐車功架、拉簾手勢都是自己獨創的。

唱腔——要練好唱腔，一朝半日不行，要經常跟住唱。用丹田唱，而且必須有日子長時間浸淫。以前一早吊嗓，勒緊腰帶，用一根竹升頂着小肚來練聲。在「人壽年」班時，到陳村做戲，認識了唱龍舟的龍舟珠，後來向他學了半年龍舟、南音。我喜歡早期的提綱戲，因為每齣戲的曲都熟記在肚內。爆肚戲不好，不耐看，過份「爆肚」會「亂籠」。

（轉載自香港中華文化促進中心主辦「粵曲粵樂茶寮」講座）

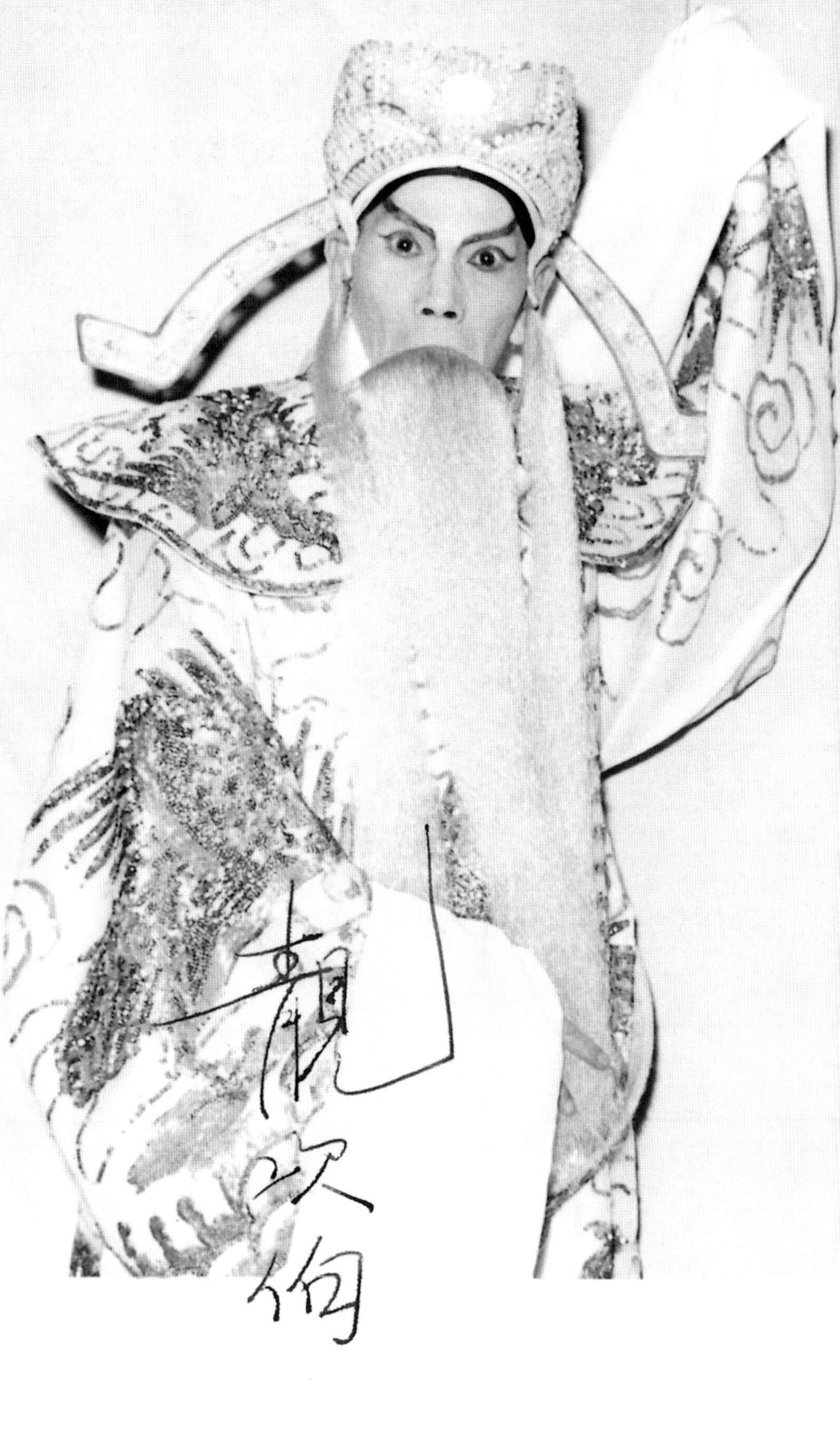

第二輯　藝術成就

一九五九年在仙鳳鳴劇團演出《再世紅梅記》的扮相

粵劇文化史脈絡中的靚次伯——

從「新國華」到「勝壽年」（一九二三—一九四一）

容世誠

前言

香港撰曲家、劇評家羅澧銘（筆名禮記，一九零三—一九六八），曾經用「碩果僅存的武生」來形容粵劇名伶靚次伯（原名黎國祥、黎次伯，一九零四—一九九二）。[一]早在六十年代初，羅澧銘已經慨嘆這位「武生王」在《六國封相》中的「坐車」絕技，獨步一時，倘若後繼無人，將成絕響。[二]其實羅澧銘和靚次伯，前者是報界文人，後者是劇壇泰斗，都見證了二十世紀省港粵劇的盛衰榮枯。羅澧銘在二十年代，已經在《小說星期刊》、《墨花》、《妙諦小說》等雜誌發表粵曲曲藝創作，撰寫劇評月旦伶人。「薛馬爭雄」時期，又襄助名伶薛覺先（一九零四—一九五六），參詳「覺先聲劇團」劇務，及替薛覺先撰寫傳記。戰後發表的小說《塘西花月痕》，一九五六年開始在《星島日報》連載，薛覺先更成為這部「塘西小說」的故事人物。如果說《塘西花月痕》所描寫的石塘花事，經過小說和電影《胭脂扣》的渲染增飾，在「九七」過渡時期，建構了港人身份追尋的懷舊想像，那麼同樣地，靚次伯的「坐車」藝術，也成為了香港粵劇戲迷的集體同憶和認同符號。[三]

這種文化回憶和歷史認同，往往通過視聽媒體完成。到了二十一世紀的今天，大部份顧曲周郎，都是通過粵曲唱片、電台廣播、粵劇電影、錄像影碟等，接觸靚次伯的表演藝術，[四]所依賴的是影像和聲音。這篇文章，準備嘗試循另一方向，引領讀者進入紙面上的時光隧道，體察文獻紀錄中的靚次伯。近世研究中國戲曲，基本材料離不開文本文獻、實物文物、口述訪談和田野考查。研究粵劇史也不例外，歷史文獻是主要的資料來源。但關於靚次伯的文字記錄比較零散，一時不易集中。加上筆者身居海外，蒐集資料益感困難。是以下面的討論，只能初步整理手邊的有限資料，通過爬梳排比，將靚次伯的演劇事業，放回粵劇文化史的脈絡來觀察，並值此呈示二戰前省港粵劇變遷的幾個重要片段。至於二戰以後的發展，特別是「仙鳳鳴」和「雛鳳鳴」在香港文化史上的意義，希望以後另文處理。

「新國華」：二十年代粵劇的行當變化

上世紀二三十年代，粵劇行當藝術產生結構性的變化。文武生出現，漸次取代武生的傳統中心位置，是近代粵劇的一個關鍵性改變。靚次伯剛進戲行，就碰上這個粵劇史上的重大轉折。在一九八九年的一次（也是他人生最後一次）公開講座，靚次伯憶述早期的戲劇生涯：最初跟隨三哥新太子卓學戲，第一個班是「寰球樂」，另外又拜武生靚大方為師。靚次伯談及二十年代初踏台板的情況：

> 我十六歲入戲行學藝，做眾人「中軍」（原註：即供人人使喚的「後生」），一年後，做「堂旦」、「手下」，當時剛剛有一「六分」（原註：開臉扮演武將、強人之類的閒角）離開了戲班，曾暫代過這一位置三個月。之後，戲班訂我做第三武生。[五]

如果靚次伯暫代「六分」是在「寰球樂」的時候，上文所說訂聘他當第三武生的，應該是「新國華」班，時為一九二三年。一九二四年在香港出版的《劇潮》創刊號，刊登了一九二三年二十個粵劇戲班的組班陣容。[六]他們是：人壽年、頌太平、寰球樂、詠太平、大榮華、新中華、正一樂、樂榮華、大寰球、樂千秋、大中華、祝華年、周康年、樂中華、新國華、大中國、大民國、頌其樂、詠中華、大富貴。在「新國華」班「武生」一欄下面，出現了靚次伯的名字。（「新國華」全班

御酒

演員及行當分類見左頁上圖）

「新國華」班設武生三名，架子培和金玉堂二人名字並排，表示「正副不分」，在班中的武生地位等同。靚次伯則在兩人下面當第三武生。[七]「新國華」看來是一個普通的落鄉班。到了一九二五年，靚次伯就轉入「頌太平」班了；而兄長新太子卓，則同屆在「頌太平」執掌正印小生。[八]

一九二三年的「新國華」班並非主流大班，在《劇潮》所列出的二十個劇團當中，第一班霸首推「人壽年」。「人壽年」班有「省港第一班」之稱，網羅眾多老倌名角，人才鼎盛。（同屆「人壽年」的老倌陣容見左頁下圖）

掛頭牌的是武生王靚榮，更有花旦王千里駒（一八八八—一九三六）、小生王白駒榮（一八九二—一九七四）、小武靚新華、旦角嫦娥英。後來的「萬能泰斗」薛覺先，這個時候在「人壽年」當正印丑生。薛覺先是在一九二二年的下半年，從「寰球樂」班「跳槽」「人壽年」的。[九]靚次伯回憶他和薛覺先在「寰球樂」的一段日子：

> 至於我這「次伯」的名字，是因為當時我和薛覺先與朱次伯時常都在一起。朱次伯之前天天坐「日戲」，從頭「頂」到尾，戲做完了還不能下台，在台上吃飯。做完戲以後便

武生	架子培　金玉堂　靚次伯
小武	新靚昭　趙子輝　靚順財　靚坤山　森
花旦	淡水元　不分正副　朱蕙芳　雪花飛　鄭玉堂　新桂花芹　新貴妃文　桂花冠　娣仔　京仔兆　有仔
正旦	世　龍
正生	澤
總生	八　都　瓊
小生	白少棠　白少君　新靚全　駒
公脚	畫眉玉
大花面	大牛章
二花面	大牛潤
男女丑	劉海仙　靚通靈　子喉揮

人壽年

武生	靚榮　金玉棠　亞昭
小武	靚新華　靚中玉　新靚仙　反骨禧　靚文
唯一花旦	千里駒
花旦	嫦娥英　騷韻蘭　小降仙　自由莊　（不分第二）　顧影憐　周德明　雪梨紅　鮮仙基　靚紅玉
正旦	亞玲　亞貴
正生	亞生
總生	亞才　亞敬
小生	白駒榮　白玉　靚冠　亞輝
公脚	新允
大花面	新有
二花面	大牛康
男女丑	薛覺先　梁仲昇　凌配景　亞森

找我與薛覺先一起踢毽。日子久了，人家說我一舉手一投足都像朱次伯，便給我起了「靚次伯」這個名字。[十]

朱次伯（？—一九二二）是「寰球樂」炙手可熱的正印小武，二十年代初紅透半邊天，自然是年輕的薛覺先和靚次伯的模仿對象。後來的發展是朱次伯在廣州遭槍殺，薛覺先得到千里駒的賞識，轉投「人壽年」當丑生。靚次伯則進「新國華」當武生。一九二三年的下半年，薛覺先又被「梨園樂」班班主靚少華羅致，以年薪八千元聘為「唯一丑生」，夥拍從南洋回來的陳非儂（一八九九—一九八五）和靚少華演出《大紅袍》。[十一] 下面我們會再提到靚少華在粵劇史上的地位。

從以上「人壽年」和「新國華」的演員表，可以看到二十年代的粵劇行當結構，和今天的「六柱制」，有極大的分別。綜合歸納《劇潮》的二十份戲班名單，當時粵劇基本行當有十一個：武生、小生、花旦、正旦、正生、總生、小生、公腳、大花面、二花面、男女丑。也就是說，雖然個別戲班的行當組成或有差異，但上述的二十個戲班，必定具備這十一個基本行當。戲曲的行當劃分，意味着舞台表演藝術的分工化和專業化。陳鐵兒在〈粵劇早期的戲班和行當〉一文，用生動的語言，描述傳統粵劇各個行當的精細分工。但囿於篇幅，於此不一一細表，感興趣的讀者可以自行參閱。[十二] 陳鐵兒又特別強調，古老粵劇的每一個行當，各人有各人的戲份崗位和表演程式。忠奸邪正，文武男女老少，有鬚無鬚，紅面黑面，全部有嚴格規定，不能隨便逾越。一九二二年旅居上海的劉豁公和鄭恪夫，在〈粵劇叢談〉一文辨析了粵劇十三行當的不同藝術形象，接着說：

> 各種角色最關緊要的就是「武生」，其次是「小生」、「花旦」和「小武」，再次便是「公腳」、「男丑」、「大花」和「二花」。「總生」、「正生」、「正旦」、「三花」、「女丑」、「武旦」等都算配角，戲裡的重要人物，從來沒有他們扮的。……又京班裡往往有一個人兼充數種角色，若是在粵班裡，那是絕對的不行。因為粵班限定了人習一角，始終不改。假如中道易途，人家必定斥為妖異。[十三]

上文說明兩點。首先，傳統粵劇的行當分工高度嚴謹，並且是階層化和制度化的。所謂「中道易途，必定斥為妖異」，用陳鐵兒的說法，就是嚴格規定每一個行當「演忠不能演奸，無鬚不能有鬚。如違反此項規定，須送八和會館『坐紅凳』，負『奪他人位』責任，連帶處分其師傅。」[十四]換句話說，「跨行當」的演出會被看成違反行規，是不能接受的。此外，武生行當在早期粵劇中備受尊重，正印武生是戲班的領班人物。

這種情況在二十年代初出現變化，「跨行當」兼演「文武」成為一種新興時尚。一九二二年在廣州出版的《戲劇世界》，刊出以粵劇行當為題的「優界打油詩」多首，詩作後面又附說明。現摘錄其中三首如下：

《武生》：忠心為國不尋常，身為蘇武要牧羊。此劇新華名獨著，戀壇（檀）唱罷各悲傷。（武生多做忠臣戲，前十餘年演蘇武牧羊一劇，為周郎所稱許者，新華一伶已，而至今聲譽尚不弱。）

《文武生》：能文能武古無多，涇渭分明莫奈何。卻喜近來全改變，生名文武可吟哦。（昔日文戲則有小生演之，小武不能奪演。今則不然。小武多改文武生，故日演劇，多做小生戲也。）

《頑笑旦》：近來世界盡趨新，倘若新奇便引人。優界故加頑笑旦，子喉七早現其身。（粵伶頑笑旦，係以子喉七始。）[十五]

第一首以「武生」為題，指出武生多扮演忠臣。詩中提到的騎龍武生新華（一八五零—一九二三），又名鄺殿卿，鄺新華，是粵劇史上的傳奇人物。他是八和會館的創立人之一，在同治（一八六二—一九零八）年間復興粵劇活動中，扮演重要角色。新華的首本戲《蘇武牧羊》中的〈猩猩追舟〉，融合南北唱腔創出「戀檀」腔，風靡曲壇。所以說「此劇新華名獨著，戀壇（檀）唱罷各悲傷」。新華在一九二三年去世時，省港的著名武生有「人壽年」的靚榮、「祝華年」的新珠（一八九三—一九六八）和「寰球樂」的曾三多（一八九九—一九六五）等。這個年代武生雖然不及過去的尊貴，但仍受重視；進入三十年代，文武生乘勢而起，武生的主導地位受到挑戰。

文武生和頑笑旦都是二十年代的新增行當。最遲在一九二二年，文武生已經在省港戲班紛紛出現。[十六]一般的說法是，「當紅」小武靚少華，因為要邀請另一名小武靚仙加盟劇團，所以自願讓出小武位置，從而創出「文武生」行當。[十七]從上面《文武生》詩句看到，以前只有小生才能演出文戲，小武不能奪演。行當之間的分工十分嚴格。到了二十年代，小武開始跨行當演出小生的文戲，因而形成兼演文武的「文武生」。靚少華和首創頑笑旦行當的子喉七，一九二三年都屬「大中華」班，而靚仙則擔任正印小武。這一屆除了「大中華」班之外，樂中華、正一樂、樂榮華、樂千秋、大中國和大富貴六個戲班，都設文武生行當，兼且有正副之分。其實「文武生」這個名詞的出現，並不是孤立的。仔細分析《劇潮》的戲班行當表，有個別戲班出現所謂「文武丑」。同期的《戲劇世界》，又宣稱花旦余秋耀轉演「文武旦」。[十八]此外，靚次伯一九二五年在「頌太平」班，也被標榜為「文武鬚生」。[十九]從此看來，二十年代粵劇的「生」、「旦」、「丑」三個行當，都有類似的「兼演文武」現象，是當時行當演化的一個整體趨勢。上面《頑笑旦》詩句說：「近來世界盡趨新，倘若新奇便引人」。行當結構產生變化，其中的一個原因，是為了迎合觀眾追求新奇事物的心理。

文武生是「文武兼備」潮流下的新產物，剛剛出現時，只不過是戲班眾多行當之一。到了三十年代，隨着省港班的出現，武生和文武生在戲班的地位此消彼長，現代「六柱制」的格局慢慢形

成。秦琴在〈靚榮之做戲癮〉（一九三一年）一文說：

> 近年來戲班風氣所趨，恆以一二名角，以資號召，而全劇以畀之擔綱，餘角置諸閒散地位，例如薛馬輩，每演新劇，幾每場皆為己戲，外餘武生小武等，只得一兩場，雖具大才，而無所展，是故邇年武生一項，聲聞於社會者，寥寥無幾，以視昔年之視武生為重要角色者，其一輕一重，誠有令人不可以權衡量者也，然而數今日，武生尚有一人，足為人道者，則首推靚榮。[二十]

作者目睹傳統行當藝術的消退，感嘆武生地位今非昔比。在三十年代初，戲班往往以個別名角為號召，戲份集中在一兩名「擔戲」老倌身上，由不同行當均勻分配戲份的演劇模式一去不返。以前備受重視的武生，現在轉為輔助性的配襯角色；雖然具備高超造詣，也沒有機會一展所長。作者認為出類拔萃的武生，只剩下靚榮一人。這篇文章發表在一九三一年，這個時候，靚次伯在「人壽年」班夥拍「小武王」靚少佳（一九零七—一九八二）和「生紂王」羅家權（一九零四—一九七零）演出連台本戲《龍虎渡姜公》。

「人壽年」：「苦喉南音」和《龍虎渡姜公》

一九三零年靚次伯二十六歲，得到「人壽年」「掌櫃」駱錦卿（？—一九四八）的賞識，出掌「人壽年」正印武生。[二十一] 一九三一年在廣州出版的《伶星》十四期，刊出〈下屆新班題名〉一文，預告下半年省港各班組班的最新發展。文章列出七個主要大班：覺先聲、永壽年、日月星、新春秋、人壽年、新中華和永豐年；每個戲班下面，表列六個主要行當，依序是：武生、小武、花旦、小生、文武生、丑生。而「人壽年」班的武生和小武，就是靚次伯和靚少佳。和上面《劇潮》的十一行當比較，反映了「六柱制」的結構在這個階段開始形成。題名表上薛覺先是「覺先聲」班的小武，文武生是薛覺明，丑生是葉弗弱和子喉七。六個班中較資深的武生，有「新春秋」的靚榮、「日月星」的曾三多、「永壽年」的新珠，和「新中華」的靚新華。[二十二] 靚少佳和靚次伯在這個時期結下台緣，後來更組成「勝壽年」班合作演出。

同年出版的另一期《伶星》，又刊登署名舞台記者的文章，稱讚「人壽年」班能夠賣座，除了靠首本戲《龍虎渡姜公》吸引廣大觀眾，更因為戲班整體角色配搭均勻，「你有你好處，我有我才能」。作者介紹這個時期「人壽年」班的角色陣容：

> 該班台柱，有靚少佳，羅家權，林超群，伍秋儂，靚次伯，李自由等數人，此數人中羅

家權、靚少佳以唱功勝，林超群、李自由以做功勝，伍秋儂以的息（骰）勝，而靚次伯，則做功固好，而唱功尤佳也。[二十三]

這個年代，較之靚榮、曾三多等資深武生，靚次伯還算是一名「後起之秀」。談到靚次伯在「人壽年」時期的唱腔藝術，上文作者特別稱許他的「苦喉南音」：

靚次伯身當武生，允稱後起之秀，伯伶唱功特好，發音清楚露字，而字字落實有力，有時扯長尾音，且覺響徹遐邇，聲音特別提高。伯伶唱曲，常於最尾一字，特別拖長，有類於白駒榮腔口，此乃其深識保聲道理，蓋尾腔拖長，一可提高腔子，二可拉順道氣，不至急促故也。

伯伶更長於唱苦喉南音，本來南音已不易唱，苦喉更不易唱，誠以腔音不高，腔口不圓，丹田不足，多不敢輕易一唱。……伯伶常唱苦喉南音，唱時全場必為之全部肅靜，真個蚊叫皆聞，挫落節拍，圓滑柔揚，悲苦處有使人神往悲傷之概。編劇者識其才，故每部戲輒使伯歌苦喉南音一二闋，藉以展其長而响（饗）觀眾。[二十四]

早在三十年代初，靚次伯的苦喉南音，已經大受普羅觀眾的歡迎。每逢有演唱南音唱段，全場都寂靜留心聆賞。編劇更特別為靚次伯量身訂造，在戲中多加苦喉南音，使能發揮所長。靚次伯回憶在「人壽年」時期，向藝人龍舟珠學唱「龍舟」和「南音」的一段往事：

> 關於唱「龍舟」和「南音」的心得（原書編者黎鍵按：靚次伯有「南音王」的美譽），其實我的學唱「龍舟」有段故事。在做「人壽年」（班）的時候，一次戲班到了陳村做戲，當時一個藝人叫龍舟珠的，說怎麼也要跟着「人壽年」，不願走。寧願暫時不去「搵食」（謀生）。所以，就跟龍舟珠學了半年龍舟。「龍舟」和「南音」都是相通的，所以後來也便唱了南音。[二十五]

靚次伯享有「南音王」美譽，原來是得益於龍舟珠的唱腔藝術，這是三十年代初的事情。上文作者又稱靚次伯的拖腔，近似白駒榮的唱腔。無獨有偶，白駒榮也曾向瞽師（俗稱「盲公」）學習南音。前面提到的羅澧銘，在他的《顧曲談》中，亦有描述白駒榮和「玩家」冼幹持，向瞽師學唱南音的情況：

> 本港唱南音之瞽師何耀華，十年前算是表表人物，聲線艱澀，而善於運用，行腔沉着雋雅。……名歌人冼幹持，於名優白駒榮，對南音雅有同嗜。暇輒延瞽師於家，以資揣摩，造詣彌深。何耀華推崇備至，謂其同業亦有所未逮。[二十六]

白駒榮和冼幹持雅好南音，經常延請瞽師回家觀摩交流，研習演唱技巧，看來何耀華也在被邀之列。二三十年代的粵曲唱腔，曾經廣泛吸納「南音」、「龍舟」、「板眼」、「粵謳」、「梵音」等曲藝形式而更形豐富多姿。何耀華對白駒榮的南音造詣推崇備至，靚次伯也善唱南音、龍舟，以上兩段材料，可以作為粵劇伶人向民間藝人吸取唱腔藝術的佐證。

談到「人壽年」，不能不提它的《龍虎渡姜公》。《龍虎渡姜公》是「人壽年」班戲寶，自一九二八年開演，到一九三二年被廣州市社會局禁演，共推出十九本，橫掃省港四鄉，也將「人壽年」從一度的低沉困境，推向賣座盈利高峰。[二十七]《龍虎渡姜公》在粵劇史上具有特別的意義。它體現了二三十年代粵劇（其實也包括其他的地方戲種）從農村進入城市之後的變化：嘗試將觀眾的觀賞焦點，從以演員為中心的「唱念做打」藝術，移向「聲光化電」的機械舞台效果。這種從「身體」轉向「景觀」（spectacle）的表述形式，反映了城市觀眾品味的轉變，大體上是對當時一種新興的競爭對手——電影——的反響回應。[二十八]第二，上述的「機關佈景」，淵源自上海京劇；向京劇學習，是這個時期粵劇戲行的時尚潮流。[二十九]鳳郎在《粵劇舞台變遷錄》（一九三一）中，點出《龍虎渡姜公》的舞台表述和上海「天蟾舞台」的關係：

及新丁香耀由南洋回，以曾遊京滬獲睹《梅蘭芳之嫦娥奔月》歸而仿效之。全劇以畫景新巧見長。貴妃又（文？）繼之。舞台中遂注意畫景，遂有所謂機關景者誕生。如《大秘密》《蟾光惹恨》諸劇是也。降至最近，則畫景趨重電影化與神怪。電影化者，薛覺先始用之，其《白金龍》《璇宮艷史》，是純電影化之佈景也，神怪化則為「人壽年」之《龍虎渡姜公》。「人壽年」曩演於上海，時「天蟾舞台」排演《開天闢地》，佈景純以奇巧叫座。「人壽年」遂取其劇本旋粵開演，亦收旺台之效。近該班主人以神怪化之號召，繼又開《十美繞宣王》。[三十]

當中國戲曲進入現代化都市，在新式劇場（例如上海的「新舞台」、「天蟾舞台」和香港的「利舞台」）的物質條件支援下（包括電力、電光、機械舞台、專業技師等），開始競逐新奇，講求奇巧奪目的舞台設置。薛覺先的覺先聲劇團，向荷李活電影吸取「電影化佈景」，推出《白金龍》、《璇宮艷史》等「西裝劇」。「人壽年」則師法上海京劇《開天闢地》和《封神榜》，以各式各樣的奇巧佈景為賣點，開演「連台本戲」《龍虎渡姜公》和《十美繞宣王》，大收旺場之效，轟動省港四鄉。

可惜筆者手邊沒有關於《龍虎渡姜公》的文獻記載，未能探悉這部名劇的劇場設置。但一九二八年「天蟾舞台」上演京戲《封神榜》時，在上海《戲劇月刊》刊出〈本劇十大特色〉，可以幫助說明這一類神怪劇所展陳的舞台景觀，現摘錄數條如下：

- 這戲裡有置景專家畫樣定做的種種機關佈景，新式行頭，共值二萬餘金。

- 方弼、方相是著名的長人。本台就選兩箇（個）其長無比的藝員扮演。每人足有八九尺高。
- 軒轅墳妖魔出現一場，先是一隻狐狸在那裡亂蹦亂跳，忽然跑到洞口，變做三具骷髏。少停又由骷髏變做三箇美女。
- 蘇護進妲己一場，一箇儀態萬方的美女，被箇碩大無朋的狐狸精，生生的吃下肚去。那狐狸卻又變作妲己的模樣，瞞混眾人。前後不過一剎那時光。
- 玉虛宮洪鈞說法一場，分明是個輝煌高敞的宮殿，忽然變成了汪洋大海。海上飄着一箇很大的葫蘆。葫蘆裡噴出一股煙來。煙裡站着許多的仙人。
- 扮申公豹的劉奎官藝員，能夠自己把頭斫下來，扔到天空裡去。隔上半個時辰，再把那頭招回來安到頸子上去。此等做作完全明明白白的當眾演來，絲毫沒有遮掩。[三十一]

《封神榜》在「天蟾舞台」的演出，使用了電力、電光和化學品（例如「鎂」），配合各種機械裝置，從而製造台上佈景迅速變換的震懾效果。一九二九年《封神榜》演到第二本，又再次以機關佈景為宣傳重點：

這本戲裡有偉大的宮殿景數場，各有各的精彩形式，迥不相同。金光洞太乙收石磯一場，那太乙只把神火罩一揚，一個活蹦活跳的美人兒石磯娘娘，便陡地化成一塊石。姜子牙騎龍上天一場，台上有真橋真水神龍出現。……梅伯罵殿一場，內有一人抱不過來的銅炮烙柱，用炭火燒得紅通通的。把個人（扮梅伯的）剝去衣服，逼到銅柱上去，立刻週身焦灼，化為飛灰。諸如此類，都是犧牲了鉅萬金錢，由專門的置景家精心造出來的。三十二

這類花費大量金錢資本，建構眼花繚亂的舞台景觀，曾經在上海流行一時。「丹桂第一台」上演《開天闢地》，宣傳時先行突出「綵（彩）景工程偉大；機關離奇驚人；行頭輝煌美麗」，之後才提到「唱做繁重可觀；打武勇猛特別」。「林記更新舞台」演出《就是你》，也以「新編特別彩景機關劍俠偵探名劇」為號召。三十三

雖然說《龍虎渡姜公》模仿京劇《開天闢地》和《封神榜》，但在二十年代的香港粵劇舞台，早已呈現變化多端的特技奇觀。上文鳳郎提到的《蟾光惹恨》，一九二六年由「新中華」班演出，觀眾可以目睹「機關換人、棺裡化身、半空擲書諸畫景，均屬令閱者不可思議。忽而白玉棠被綑、忽而金山貞現形、忽而肖麗章騰空。」三十四同一年「人壽年」在太平戲院演出《殘霞漏月》，「破天荒連變四次幻境：一變猛獸、二變仙果、三變元帥、四變半邊人。」三十五在這些既有的物質基礎（包括舞台科技，電光電力）之上，適逢「人壽年」班在滬演出，有機會觀摩「天蟾舞台」的舞台佈置。回粵後即由編劇李公健仿效《封神榜》編成《龍虎渡姜公》，並在上海購置活動畫境及相關服

裝行頭。《龍虎渡姜公》第一屆演出由羅家權飾紂王，新珠飾姜子牙，靚少佳先演哪吒、後演殷郊，嫦娥英演姜后，白邊秋演妲己。靚次伯加盟之後，則由靚次伯演出姜子牙、小武是靚少佳、丑生羅家權、花旦林超群。[三十六]

《龍虎渡姜公》是以「連台本戲」的續連方式演出。自一九二八年開演以來，「人壽年」以此劇獲利甚豐。一九三二年靚次伯在樂善戲院演出《龍虎渡姜公》第十八本，頭台（第一天的演出）收入是全廣州之冠；在省港班之中，僅次於香港高陞戲院的《孔雀屏》（台柱老倌是陳非儂、白玉堂和半日安（一九零二—一九六四））。[三十七] 此外，《龍虎渡姜公》更是四鄉觀眾特別支持的劇目。發表於一九三一年的〈去歲各戲班盈虧之總檢查〉指出：

> 人壽年素以《龍虎渡姜公》一劇以行運，前屆散班，已獲金不少，今屆仍用前次老倌，所開戲亦為《龍虎渡姜公》及增多《十美繞宣王》一劇，每月甚少逗遛省港，多數落鄉開演，蓋四鄉人固多喜神怪無稽之舊式劇者，固人壽年每一次落鄉，必定飽獲而返，是以今屆埋數，人壽年已在萬金以上，不難直追日月星而上也。[三十八]

「人壽年」班經常落鄉演出《龍虎渡姜公》，並且都能賺取豐厚戲金。三十年代初，粵劇戲班的演出地點除了「省港兩地外，俱以東西北三江之各鄉為目的。年中四鄉所買之戲，佔全行十之七八。」[三十九]連「人壽年」的省港大班，也不例外，甚至「每月甚少逗遛省港」。靚次伯回憶落鄉演戲的情況：

> 當時做戲以「日戲」為主。日戲是演出「正本戲」，「正本戲」以武場較多，故武生、小武比較吃重；夜戲則較重文場，小生和花旦戲較多。往昔落鄉做戲沒有電燈，只有大光燈，全場也只有三四盞，所以日間便作「正本戲」。通常做戲要做九套——五夜四日，即要演出四套「正本戲」。而自己便要「踢」（擔當）三個，另一個便給小武去演。[四十]

「正本戲」四套之中，武生戲佔了三套，小武佔一套，足見四鄉觀眾特別鍾愛剛陽味十足的武戲，武生和小武佔了重要的戲份。可以想像「人壽年」每次落鄉演出，靚次伯的南派傳統舞台功架，必定令四鄉觀眾如癡如醉。靚次伯又稱他的首本戲是《伍員夜出昭關》、《四郎回營》、《沙陀國借兵》和《六郎罪子》等。[四十一]這些傳統武生戲，曾經橫掃廣州四鄉，風行一時。[四十二]但在現代「六柱制」的體制下，隨着武生地位低落已經極少演出，大部份都已經失傳了。

「勝壽年」：三十年代粵劇的跨界現象

「人壽年」曾經是縱橫省港的第一猛班，雖然經歷過千里駒「跳槽」的低潮，最後也由《龍虎渡姜公》一劇挽回頹勢。但一九三二年《龍虎渡姜公》被禁演在先，又不幸發生「槍擊唐飛虎」事件在後，班主何萼樓意興闌珊，不得不將「人壽年」除牌解散，「勝壽年」班於是繼之而起。[四十三]「勝壽年」是由「人壽年」改組而成的新班，一九三四年十月的《伶星》，有文章描述「勝壽年」組班的前因後果：

> 前屆戲班，營業無不虧折，能維持現狀者，只勝壽年一班矣。勝班原為人壽年之變相，因班中兄弟不滿於寶昌公司，遂由各人斥資組成勝班，於是人班乃不能再起。但寶昌公司東主，心有不甘，後乃以國豐年名義另起一班以抗勝班，因此勝班老倌，乃誓團結精神，用心能開演頭台於香港也。[四十四]

「人壽年」的台柱演員對寶昌公司不滿，從而籌組「勝壽年」，靚少佳是主事者之一。上面多次提到的靚少佳，出身於粵劇世家，五歲隨父親武生聲架南到新加坡「普長春」班「走埠」，十二歲在「普長春」「跑龍套」，專攻小武行當，曾任「寰球樂」班靚少華的副車，十九歲開始執任「人壽年」正印小武。而「勝壽年」這個班牌，也是由靚少佳提出，有「勝」過「人壽年」的意思。[四十五]從上文看到「勝壽年」剛剛組班時，賣座成績尚算美滿，最少在戲行大吹淡風下不用虧蝕。再看引文的完整標題：「勝壽年遠征失利：曾三多比諸靚次伯如何？牛車水頭蝕只得數百元——將往金山再行返滬乃回廣州開演」。作者在內文又說，這一屆的「勝壽年」「以曾三多補靚次伯之缺」。[四十六]如果

高陞大戲院

電話·訂票處二七一三九　辦事處二七一三八

農曆六月十九至廿二日開演

勝壽年

日價連稅	
大堂	一元一
東西	八毫
廂房	八毫
二樓	四毫
超等	三毫半
三樓	一毫半

夜價連稅	
大堂	一元七
東西	一元一
廂房	一元一
二樓	五毫
超等	四毫半

廿一日演：日場停演

廿一夜演：火戰麒麟洞

靚少佳　靚次伯　林超羣　袁士驤　盧海天　龐順堯

胡鐵鋒　吳碧君　猩猩仔　梁鶴齡　黎子孟臧

陳少伯　袁臘腸　陳醒儂　鐵甘羅　司徒英　龐善雄　陳樂娛　黎有玲　小燕紅　梁燕芳

北派。小武。

蘇桂仔　盧振華　飛天本　梁耀洪　周瑜洪

廿二（日場停演）夜場重演華麗鉅劇　火戰麒麟

廿三日起演梅花影全女劇團

•香港深水埗永厦印務公司承印•

這條「國外通訊」報道無誤，則「勝壽年」成立初期，靚次伯曾經效力這一個新組成的兄弟班，不過為期甚短。[四十七] 牛車水位於新加坡的「大坡」區，自十九世紀以來是戲園的集中地，經常上演粵劇。「勝壽年」計劃在新加坡獻技之後，再到美國和上海演出，之後再折回廣州，說明了三十年代中期粵劇戲班的海外演出網絡。這個中國——南洋——北美的跨地域網絡，早在清末已經開始成型。

單憑以上材料，未能確定靚次伯有否隨「勝壽年」到新加坡登台。不過肯定兩年之後（一九三六年），靚次伯跟隨「勝壽年男女遠遊劇團」，前往北美獻技長達三年多，要到一九三九年方回返唐山。[四十八]「勝壽年」全團共八十餘人，赴美之前，在香港中央戲院作四日五夜的告別演劇，台柱演員有「『小武王』靚少佳、『武生王』靚次伯、『美人王』紫蘭女、『跟斗王』猩猩仔」；上演的都是靚少佳的首本名劇，包括《怒吞十二城》和《粉碎姑蘇台》。[四十九] 粵劇前輩何建青，論及靚次伯和靚少佳的深厚交情時，也提到「勝壽年」赴美演出《怒吞十二城》：

> 老爺佳（靚少佳）所演之戲，除小武吃重外，第二主角則屬於武生。故兩靚非常老朋，且一起遠征黃金國（美國）。有一齣名劇《怒吞十二城》，其中有一場慈母訓子的戲，由靚次伯反串慈母，戲匭因而相應改為《模範女至尊》，由靚次伯擔正戲匭，此靚重用彼靚，有如此者。[五十]

上文有兩點值得留意。首先，靚次伯以正印武生身份，在《怒吞十二城》反串「慈母」的「婆腳」角色。前面說過，傳統粵劇行當分工嚴格，若然老倌演員中途改易行當，會被視為違反行規，「必定斥為妖異」。況且過去武生在戲班地位崇高，兼演「婆腳」角色，在「六柱制」出現之前，是不能想像也不能容許的。但到了三十年代，傳統行當的藝術分工，已經被商業效益的經濟考慮打破。面對這種潮流大勢，靚次伯顯得十分無奈：

現時的武生行當什麼都要做，兼做花臉、丑角，還要做「婆腳」（女性角色）。舊時行當的分工很細，後來都混淆了，六條柱（粵劇近代的六行當制度）通通都包了下來。後來做武生甚至連「網巾邊」（丑行）都要做。班主出了那麼多錢，你不得不做，雖然心裡不太願意。[五十一]

二十年代初，戲班「兼演文武」的情況已經頗為流行，冒起了「文武生」、「文武旦」等新生行當。到了三十年代，「跨行」演出的情況愈演愈烈，武生可以兼演丑角甚至婆腳，文武生也可以反串花旦。要解釋這種演劇變化，可以從粵劇經營模式轉變，和媒體競爭的角度入手。當時的粵劇班主，處於一個史無前例的競爭環境，必須重新分配資金運用例如購置佈景行頭，租用戲院劇場等），和調配人力資源（削減邊緣行當，將核心行當「明星化」），以適應求存於一個全新的現代城市娛樂生態環境。

一九四五年在新聲劇團《紅樓夢》中反串演出賈母一角

第二，編撰《怒吞十二城》的並非職業劇作家，而是報人任護花。這位「跨界奇才」，原本是廣州《大華晚報》的記者，在靚少佳力邀下替「勝壽年」編寫《怒吞十二城》、《粉碎姑蘇台》和《虎口灌迷湯》等新劇。[五十二]其後，任護花又隨「勝壽年」赴美演出，得以親身體驗美國唐人街的華人生活，從而撰寫「中國殺人王」通俗小說系列，在他的《先導》報連載，大受歡迎。留美期間，任護花考察當地電影業務，又為靚少佳撰寫《萬里尋夫》電影劇本，敘述一名多情女子，跟隨粵劇戲班前往美國尋找丈夫的故事。《萬里尋夫》在美國取景開拍，由美國導演執導，演員以勝壽年劇團為骨幹，男女主角分別是靚少佳和何芙蓮。因緣際遇，潮流所趨，靚次伯也因而從粵劇舞台跨進電影銀幕。[五十三]回頭來看，「人壽年」時期戲班推出《龍虎渡姜公》，投進大量資金出動機關佈景，無非是為了抗衡電影的競爭，奪回電影的觀眾市場。但到了三十年代中後期，粵劇粵曲已經進入一個跨媒體的新時代，和電影工業、唱片工業、出版業和廣播業緊密聯繫。[五十四]「勝壽年」班在美國拍攝電影《萬里尋夫》，只不過是這種跨界現象的其中一例。靚次伯適逢其會，從「人壽年」過渡到「勝壽年」，從《龍虎渡姜公》演到《萬里尋夫》，見證了二三十年代粵劇和電影之間，既競爭又融合的多重互動關係。

「勝壽年」於一九三九年離美返國，但廣州經已淪陷，多個粵劇劇團都以香港為演出基地。這一年的「覺先聲班」，在高陞戲院推出新劇《西施》。[五十五]覺先聲班宣傳這齣新劇時，特別標榜「七重立體真景，蒐集南北名師，多組完全新製」、「佈景服裝亦非曩時所能夢見今日之奇偉雄麗」。

「覺先聲」不惜投入大筆資金成本，購入昂貴的豪華佈景和艷麗行頭，其中的一個因素，是要吸引走向電影院的電影觀眾。如果戲票價格可以作為一個指標，顯示三十年代末香港粵劇戲班的「市場價值」的話，「覺先聲」的票價往往是眾班之冠。下面嘗試根據幾則一九三九到一九四零年刊登在《華字日報》的高陞戲院廣告，觀察從「勝壽年」返回中國，到香港淪陷前夕的一段時間，不同粵劇戲班在香港的演出情況。必須說明，以下的剪報資料，時段前後相差整整一年（一九三九年二月到一九四零年一月），物價或許會有變動。況且戲院票價只是反映劇團受歡迎程度的其中一個指標。是以下面的價目，只能算是給讀者一個粗略的印象，以了解三十年代末「勝壽年」班的大概「市場位置」（見下頁表）。

靚少佳和靚次伯領導的「勝壽年」，在高陞戲院上演《怒吞十二城》等劇目，票價排在「覺先聲」、「錦添花」和「濠江」之後。前面提到的「人壽年」正印丑生羅家權，雖然缺了「二靚」，仍以人壽劇團的名義繼續在香港演出他的首本戲《龍虎渡姜公》。「生關公」新珠剛從越南返國，以拿手的「關戲」《水淹七軍》和《關公華容道》為號召。[五十七]但隨着觀眾品味的改變，這兩位粵劇名角的叫座力，看來都被「二靚」比下去了。全女班「梅花影」由「女薛覺先」陳皮梅領班，票價在一般男女班之下。「鏡花艷影」時期的任劍輝（一九一二—一九九零），出掌這個女班的正印文武生，和徐人心、小飛紅等在「高陞」上演《鐵馬叩情關》。約三年之後，任劍輝就和靚次伯、歐陽儉、陳艷儂、白雪仙等組成新聲劇團，在澳門清平戲院同台演出了。[五十八]

戲班	台柱演員	演出劇目	票價（大堂）	日期
覺先聲劇團	薛覺先、上海妹、半日安	《西施》	（缺） 夜價：三元三	一九三九年三月二十七日
錦添花劇團	靚新華、陳錦棠、關影憐	《海上紅鷹》、《封神榜》	日價：一元一 夜價：二元	一九三九年二月二十三日
濠江劇團	桂明揚、小非非、半日安	《崔子弒齊君》、《怒劫珍珠墳》	日價：一元一 夜價：二元	一九三九年五月二十九日
勝壽年劇團	靚次伯、靚少佳、林超群	《怒吞十二城》、《虎將拜陳橋》	日價：一元一 夜價：一元七	一九三九年十二月二十五日
人壽劇團	羅家權、林超群、龐順堯	《龍虎渡姜公》（五本）	日價：七毫 夜價：一元一	一九三九年八月三十日
梅花影女劇團	陳皮梅、徐人心、紅光光	《救國女英雄》、《粉面十三郎》	日價：五毫半 夜價：八毫半	一九三九年十二月十五日
鏡花艷影女劇團	任劍輝、徐人心、小飛紅	《烈女嫁三夫》、《鐵馬叩情關》	日價：五毫半 夜價：八毫半	一九四零年一月三十日
循環劇團	新珠、古耳峰、譚少鳳	《水淹七軍》、《關公華容道》	日價：五毫半 夜價：八毫	一九三九年九月二十一日

一九四七年新聲劇團成員大合照，二排右三為靚次伯。

結語

靚次伯一生的演劇事業歷程，可以說是二十世紀粵劇文化史的縮影。這篇文章，也是嘗試從這個角度，剖析靚次伯在省港粵劇史上的位置。他二十年代出身落鄉班，三十年代受聘於「人壽年」獻技於省港兩地，後組成「勝壽年」班放洋演出，見證了近代粵劇從農村進入城市後最矚目的幾種轉變：傳統武生行當的衰落、六柱制的形成、從「唱念做打」到「聲光化電」、由紅船舞台走上電影銀幕等等。總的來說，在《沙陀國借兵》、《龍虎渡姜公》和《萬里尋夫》三者之間，不只象徵了二戰前靚次伯演劇事業的三個里程，也呈示出近代省港粵劇發展軌跡，更體現了傳統戲曲和現代物質科技之間的糾纏不清關係。

若要進一步結合香港社會文化史，來討論戰後的香港粵劇發展，「省港分離」和「媒體互動」是兩個適切的切入點。所謂「媒體互動」，是指五六十年代香港粵劇和電影工業、唱片生產、廣播和出版事業之間的交互影響。根據香港電影資料館的片目記錄，靚次伯自一九五一年（《帝苑春心化杜鵑》）到一九七七（《紫釵記》）之間，參加演出的粵語電影超過一百四十部。[五十九]這個時期香港粵劇電影的大量出現，無論在粵劇史和中國電影史上，都是一個獨特而有待研究的現象。可以一提的是，五十年代初靚次伯拍攝的兩部電影《十奏嚴嵩》和《生包公夜審奸郭槐》，對於戰後香港粵劇史，具有特別的象徵意義。靚次伯在一九五二年夥拍薛覺先、馬師曾、白玉堂演出《十奏嚴嵩》在先，一九六五年又和任劍輝合作上演《大紅袍》，兩部電影都是演述海瑞參奏嚴嵩的故事。正如筆者在另一處指出，在「文化大革命」的政治運動巨潮下，六十年代在中國大陸大部份演過「海瑞戲」的著名戲曲演員，包括京劇名角周信芳、馬連良和靚次伯好友靚少佳等，都受到不同程度的衝擊。[六十]回顧「二靚」在「人壽年」時期攜手演出《龍虎渡姜公》，體現了粵劇省港大班的輝煌時代；「勝壽年」時期又在美國合作拍攝電影《萬里尋夫》。但兩人在六十年代分別於粵港兩地演出《十奏嚴嵩》，命運遭遇卻判若雲泥。在這一點上，《大紅袍》正好見證了省港粵劇分離的歷史處境。又根據朱振邦先生覆述，靚次伯在五十年代中，曾經考慮返回中國內地定居；但當時香港的電影公司，連續開拍多部「包公電影」大受歡迎，「生包公」的形象深入民心，才擱置這個念頭。[六十一]可以想像如果靚次伯真的在五十年代中返回廣州發展，往後幾十年的香港粵劇歷史，有可能需要改寫。

（鳴謝：筆者感謝阮兆輝先生、盧瑋鑾教授、朱振邦先生、劉美桃女士、香港中文大學音樂系戲曲資料中心、香港電影資料館、香港中央圖書館香港音樂資料中心提供參考材料。）

容世誠 香港大學中文系文學士、哲學碩士及普林斯頓大學博士。現任教於新加坡國立大學中文系，研究興趣包括明代戲曲、粵曲社會史及五十年代香港出版文化。

一　禮記，見〈碩果僅存的武生靚次伯〉，《娛樂畫報》，七十三（一九六七年七月），頁三十四。關於羅澧銘的生平，參見謝永光：〈我與羅澧銘先生〉，載羅澧銘（著）、謝永光（改編），《塘西花月痕》（香港：明報出版社，一九九四），上冊，無頁碼。《塘西花月痕》一九五六年開始在香港《星島晚報》連載，一九六二年由作者結集成書，香港禮記出版公司出版。

二　禮記，〈靚次伯坐車獨步梨園：六國大封相的掌故〉，《娛樂畫報》，十四（一九六二年八月），頁三十二。

三　李碧華的《胭脂扣》（香港：天地圖書公司，一九八四），多處參考羅澧銘的《塘西花月痕》。《胭脂扣》在一九八七年拍成電影，由關錦鵬導演，梅艷芳、張國榮主演。

四　六七十年代香港電台足球評述員葉觀楫，在足球節目廣播中每每用「靚次伯曬靴」描述球賽中球員的粗暴動作。葉先生繪影繪聲，幽默生動的足球評述，在另一層次上塑造靚次伯「坐車藝術」的集體回憶。順帶一提，葉先生雅好粵曲藝術，是一名業餘唱家。

五　靚次伯，〈一個武生的藝術生涯〉，載黎鍵（編錄），《香港粵劇口述史》（香港：三聯書店，一九九三），頁四十二。

六　《劇潮》，無出版資料，前有〈序〉稱雜誌編者包括文譽可、駱錦卿、李耀東、張鑑流等。〈例言〉後作「一九二四年一月一日編者誌」。《劇潮》所刊登的戲班行當表，附在書後，並無頁碼。下文若再引用以上行當表，不另作註。

七　靚次伯在〈一個武生的藝術生涯〉的回憶中，並無提及「新國華」班，是以這條資料，暫時可以說是孤證，待有機會再參閱其他史料核對。不過大體上不會影響全文的觀點。架子培是名伶李雪芳的師傅，見《梨影雜誌》，四（一九一九年五月），無頁碼。

八　根據〈靚次伯先生捐贈文物〉，邱松鶴等（編），《三棟屋博物館粵劇藏品》（香港：香港區域市政局，一九九二），頁一五四。同書頁一一二刊有「頌太平」的橫頭單，靚次伯歸入「文武鬚生」欄下。

九　李嶧，〈薛覺先年表〉，李門等（編）：《薛覺先紀念特刊》，欠出版資料，頁五十二；賴伯疆，《薛覺先藝苑春秋》（上海：上海文藝出版社，一九九三），頁十九—二十一。

十 靚次伯，〈一個武生的藝術生涯〉，頁四十二。

十一 李嶧，〈薛覺先年表〉，頁五十二。

十二 黃兆漢、曾影靖（編訂），《細說粵劇：陳鐵兒粵劇論文書信集》（香港：光明書局，一九九二），頁五十一—五十四；一九六—二零四。

十三 豁公、恪夫，〈粵劇叢談（一）〉，載《遊戲世界》，十（一九二一年二月），頁十五—十六。十三個行當之中，「三花面」和「武旦」並未見於《劇潮》的戲班行當表。

十四 黃兆漢、曾影靖（編訂），《細說粵劇：陳鐵兒粵劇論文書信集》，頁五十三。

十五 蔡了緣、王心帆（編），《戲劇世界》（廣州：廣東劇學研究社，一九二三？），第四集之《梨園舊譜》，頁五—六。

十六 《戲劇世界》，第一集之〈優界天文台〉（一九二二年），頁一—二。

十七 賴伯疆、黃鏡明（著），《粵劇史》（北京：中國戲劇出版社，一九八八），頁二零三。

十八 《戲劇世界》，第一集之〈優界天文台〉（一九二二年），頁一—二。

十九 邱松鶴等（編），《三棟屋博物館粵劇藏品》，頁一一二。

二十 秦琴，〈靚榮之做戲癮〉，載《戲船》，一（一九三一年一月），頁三十七。

二十一 主要根據邱松鶴等（編），《三棟屋博物館粵劇藏品》，頁一五四；陳倉穀，《伶倌列傳》上集（香港：馬錦記書局，約五十年代），頁一一六。

二十二 《伶星》，十四（一九三一年七月十三日），頁二。比較另一條材料，新珠最後加盟「月團圓」班。見張方衛，〈三十年代廣州粵劇盛衰記〉，載廣州市政協文史資料研究委員會、粵劇研究中心（合編），《粵劇春秋》（廣州：廣東人民出版社，一九九零），頁七十二—七十三。

二十三　舞台記者，〈靚次伯允稱苦喉南音之王〉，載《伶星》，二十六（一九三二？），頁二。「的骰」，廣東俗語，即嬌小玲瓏。

二十四　《伶星》，二十六（一九三二），頁二。

二十五　靚次伯，〈一個武生的藝術生涯〉，頁四十六。

二十六　禮記，《顧曲談》（香港：作者出版，一九五八），頁三十三。

二十七　陳倉穀，《伶倌列傳》上集，頁一一五—一一六；張方衛，《三十年代廣州粵劇盛衰記》，頁八十一。

二十八　參拙作〈「聲光化電」對近代中國戲曲的影響〉，載李少恩、鄭寧恩、戴淑恩等（編），《香港戲曲的現況與前瞻》（香港：香港中文大學音樂系粵劇研究計劃，二零零五），頁三四九—三七二；"Moving Body: the Interactions between Chinese Opera and Action Cinema," in Meaghan Morris, Siu-leung Li and Stephen Chan Ching-kiu(eds.), *Hong Kong Connections: Transnational Imaginationin Action Cinema*(Durham: Duke University Press; Hong Kong: Hong Kong University Press, 2005), pp.21-34.

二十九　在《龍虎渡姜公》演出紂王的羅家權，師承京劇花臉劉奎官。二零零五年香港大學美術博物館和香港大學音樂系主辦「香江梨園：粵劇文武生羅家英」展覽，展出羅家權演出《龍虎渡姜公》時所佩戴的紂王面具，是仿效京劇製作而成。見黃燕芳、施君玉（編），《香江梨園：粵劇文武生羅家英》（香港：香港大學美術博物館，二零零五），頁二十。

三十　《戲船》，一（一九三一年一月），頁十二。

三十一　《封神榜》廣告，（上海）《戲劇月刊》，一：五（一九二八年十月），無頁碼。

三十二　《封神榜》廣告，（上海）《戲劇月刊》，一：七（一九二九年一月），無頁碼。

三十三　（上海）《戲劇月刊》，一：三（一九二八年八月），無頁碼。

082

083

三十四　「新中華」班廣告，《工商日報》，一九二六年十一月二十六日。

三十五　「人壽年」班廣告，《工商日報》，一九二六年十一月二十日。

三十六　陳倉穀，《伶倌列傳》上集，頁一一五—一一六；黃魂歸來，〈各班頭枱收入之總調查〉，載（廣州）《伶星》，三十九（一九三二年，月份缺），頁十八。

三十七　黃魂歸來，〈各班頭枱收入之總調查〉，頁十八。

三十八　梨園園丁，〈去歲各戲班盈虧之總檢查〉，載《伶星》，四（一九三一年），頁三十。

三十九　崩伯，〈本居戲班之倒霉〉，轉引自張方衛，《三十年代廣州粵劇盛衰記》，頁七十三。

四十　靚次伯，〈一個武生的藝術生涯〉，頁四十二。

四十一　同上，頁四十三。粵劇名伶阮兆輝先生在一次訪談中告訴筆者，靚次伯曾經向他表示，最喜愛和擅長演出的劇目是《沙陀國借兵》。二零零六年二月十八日訪談。

四十二　舞台記者，〈三傷三危之人壽年〉，載《伶星》，五十一（一九三二年十二月十四日），頁四。

四十三　見陳倉穀，《伶倌列傳》上集，頁一零八—一一六；何建青，〈「勝壽年」從何而來〉，載《紅船舊話》（澳門：澳門出版社，一九九三），頁一二四。

四十四　作者不詳，〈勝壽年遠征失利〉，載《伶星》，一零三（一九三四年十月十日），頁十一。

四十五　何建青，《紅船舊話》，頁三零七；頁一二四。

四十六　作者不詳，〈勝壽年遠征失利〉，頁十一。

四十七　一九三五年靚次伯已經加入由桂明揚（一九零九—一九五八）領導的「冠華南」，在高陞戲院演出《偷渡香巢》等劇。見《華字日報》，一九三五年四月二十四日。

四十八 何建青，〈「勝壽年」從何而來〉，頁一二四。

四十九《華字日報》，一九三六年九月十一日。

五十 何建青，〈次伯去後將無武生〉，載《紅船舊話》，頁三十三。

五十一 靚次伯，〈一個武生的藝術生涯〉，頁四十四。

五十二 參見羅卡，〈跨界奇才任護花〉，載黃愛玲（編），《粵港電影因緣》（香港：香港電影資料館，二零零五），頁一三零—一四三；何建青，〈奇伶靚少佳〉，載《紅船舊話》，頁三一六。

五十三《萬里尋夫》一九四零年一月八日在香港首映，主要演員有靚少佳、何芙蓮等，靚次伯排名第二。廣告宣傳謂共拍了三年，演員過千名，且攝下不少美國風光云云，甚有本片編導——任護花一貫「高調」風格。然而實情可能靚次伯只是「被攝入鏡」而非「主演」，但影片已不存，無從查考。詳見香港市政局香港電影資料館（編），《香港影片大全：第一卷（一九一三—一九四一）》（香港：香港市政局香港電影資料館，一九九七），《萬里尋夫》，頁四二四。

五十四 參見拙作《粵韻留聲：唱片工業與廣東曲藝（一九零三—一九五三）》（香港：香港中文大學人文學科研究所香港文化研究中心，天地圖書有限公司，二零零六）。

五十五 一九三九年覺先聲劇團《西施》廣告，見《華僑日報》，一九三九年三月二十七日，第一張，頁一。剪報現藏於香港中文大學音樂系戲曲資料中心。

五十六 同上。原件並無顯示票價。以上（三元三）票價參考另一份高陞戲院《西施》的獨立剪報，出處不詳。惟比較兩份剪報材料內容，應該屬同一台的演出。

五十七　西洋女（口述）、范細安（整理），〈「生關公」新珠〉，載廣州市政協文史資料研究委員會、粵劇研究中心（合編），《粵劇春秋》，頁二五四。

五十八　靚次伯是在一九四三年加盟新聲劇團。見邱松鶴等（編），《三棟屋博物館粵劇藏品》，頁一五五。

五十九　靚次伯在一九四零年至一九五三年，只拍了四部電影（一九四零年一部、一九五一年一部、一九五二年兩部），基本上至一九五八年方開始密集地拍片。

六十　容世誠，〈文武共體，雌雄同在：談任劍輝的《大紅袍》〉，載邁克（編），《任劍輝讀本》（香港：香港電影資料館，二零零四），頁三十六—四十五。

六十一　朱振邦先生向筆者覆述靚次伯的回憶，二零零五年十月二十五日的談話內容。何建青先生也提過靚次伯有返回內地的想法，不過和朱先生的解釋略有不同。見何建青，〈次伯去後將無武生〉，載《紅船舊話》，頁三十三—三十四。

靚次伯藝術精粹

上圖：朱振邦（左）與師傅靚次伯合照
下圖：朱振邦在台上功架

朱振邦

我在七十年代蒙恩師靚次伯老先生錯愛，收為入室弟子。在師事他老人家的十數年間，雖然相隔兩地（他在香港，我在新加坡），但我每年都會到香港向恩師請安，恭聆教誨，獲益良多。

先師辭世後我寫過兩篇（現合為一文）文章，皆為悼念性質；如今把他老人家日常對我的教誨實錄下來，以作存念。

學我者生　似我者死

先師嫻熟的功架，獨特的唱腔，早已自成宗派，更是近數十年粵劇武生行當之典範。身為其徒，我自然是盡力仿效，但先師卻不以為然，他常以「學我者生，似我者死」這句話來訓示我，他認為我可以以他的藝術為基礎，但必須要有自己的創作空間。當然每個藝人都必須經過十多年的藝術磨練和實踐，才能到達創作的階段，先師認為每一個藝人都有自己本身獨特的條件，只有充份利用才能夠在藝術上有所成就；倘若一味模仿便永遠滯留不前，不能有所突破了。故此他常勉勵我應在藝術上攝取他的氣度神韻，而不必拘泥於他演出時的每一個細節。

音止氣不息　形斷意猶連

先師喜歡於晚飯後，在臥室中傳授唱腔給我，他的唱腔蒼涼沉渾，別具一格；其中的特點在於他的氣口運用，他習慣在唱到半句時吸氣，而在唱完一整句接下一句時不必吸氣，這便給人一種一氣呵成的感覺，這種唱法在他的南音、龍舟、木魚和長句滾花中尤為顯著，若將之比作書法藝術，便是所謂的形斷意連了。

先師唱腔的另一特色是他在行腔時，通常不會把每一個音符唱足，而是斷續地吟咏，似是音止而氣不息。若論先師唱腔的最大特色，當推他的「玉帶左」，即平霸腔，運用這平霸腔時他又以「南撞北」的形式來處理。何為「南撞北」？根據他老人家所說，「南撞北」即是以四成舞台官話配以六成廣東白話唱出。而他又喜歡將唱段中的某些字音唱偏或收倔（即不拖腔），這種唱法在他的滾花及快點中板常有出現。他在名劇《帝女花》、《紫釵記》及《再世紅梅記》中的唱段便是很好的例子。

先師認為掌握「玉帶左」唱法並不太困難，問題在於何時運用「南撞北」。一般帝王將相唱上數句「南撞北」會凸顯其身份氣派，但如果是市井之徒也唱此腔便感覺得與其身份不協調了。先師對運氣的心得是吸氣落肚（即氣貫丹田），當氣口徐徐舒出時，須想像氣量從印堂（即太陽穴）發出，這樣會有助音量的擴大及產生共鳴音。還有是需要注意口鉗，即是發音時要配合口形的運用，以幫助逐字逐句完整地吐露出來。

一九六六年在頌新聲劇團演出《碧血寫春秋》的扮相

戲服與身形

我初學戲時，先師曾經對我講解過穿什麼戲服配合什麼身形台步的理論；比如穿蟒袍時雙手應在左右兩邊輕托角帶（即玉帶），這樣左右肘便覺開揚，而人物自然就顯得有氣派了，因為身穿蟒袍的人物都是達官貴人，因此台步也應是大方穩重。又如身穿海青或披風的人物，通常是些文人或商賈，所以身形台步應該優雅些，不過他說這些只是基本的要求，如何運用還須視個別人物與劇情而定，切忌墨守成規，一成不變。

瀟灑飄逸話鬚功

據先師所說，他花了整整三年時間，對鏡苦練鬚功（即鬚口功），他說耍鬚一定要練到鬚人合一，鬚口成為演員身體的一部份，才可以運用自如。先師打破了戲曲對鬚口功「黑鬚多拈，白鬚少拈」的傳統規格；在演《六國大封相》的坐車功架時，他將綹綹白鬚揮至空中，任其飄然而下，把公孫衍的喜悅心情表露無遺。這手耍鬚絕技是先師鬚功中經典之作。曾記得有一回在先師家中吃晚飯時，他老人家興之所至，竟中途放下碗筷，一而再地向我詳授這一手耍鬚絕藝的竅門，如何運用指力、腕力以及在鬚口的那個部位發力等，真使我受益無窮！他也曾教授我不同鬚口的用法，如「滿髯」鬚是以掌理鬚；「三牙」鬚則以指理鬚；文人和武將的不同理鬚法，以及推、揮、拋、帶等耍鬚技巧。先師說耍鬚切忌搖頭擺腦，一定要利落瀟灑。

演出前的準備

先師在七十年代到新加坡演出時，我每晚都在他的箱位看他化妝，他每次化好妝之後，總會看一回劇本，然後閉目養神。據他所說這是為了默記曲詞和為演出作思想準備，每一段戲都必須在腦海中重溫一片，他說這是一個有責任心的演員所必須做的事。另一項準備工作是在裝好身之後，在鏡前審視一番，務求裝扮完美，並且應在鏡前熟習一下將要出台表演的功架程式。

過猶不及

有一次與先師在香港維多利亞公園散步閒談，說道某藝人落力演出，先師聽後笑說不是「落力」就一定好！他說「力」必須落在節骨眼上，倘若演員只管使勁地唱，使勁地做，便會令觀眾感覺他粗俗。反過來說，比如在一個亮相時，演員能夠暗運內勁，凝神提氣，這不但使觀眾覺得這演員的亮相好看，連帶演員本身也會覺得精神集中，氣度十足，根據先師說，這就是所謂「力」落在節骨眼上了。

以情帶戲

戲曲是以功架程式來表達的，有些演員不理會劇情所需與否，只管表演難度高的功架，以示其功夫了得，這是不應該的。先師亦時常警惕我，不要犯此錯誤，他老人家說將劇情活現出來謂之「戲」，而若要將劇情活現便要借助功架程式了。例如他在《六國大封相》中表演坐車時，時而翹足撣鬚，時而拗腰曬靴，這都是為了表達公孫衍喜悅愜意之「情」；運用功架將此「情」表達出來便有「戲」了。

德訓長存

先師德高望重，為粵劇界所公認。他老人家時常告誡我，身為演員，應要注重品德修養，他說演員爭取個人應得的尊重是無可厚非的，但切勿不擇手段去爭名奪利。演員對自己應有嚴格的要求，對藝術要有堅毅不息之心。他強調演員最重要是謙虛，所謂「虛受益，滿招損！」他老人家從藝七十多年，藝術早臻化境，但仍然是一位非常謙厚的藝術家。

先師雖然辭世多年，但其音容風範，常縈腦際，縱使人天永隔，自是德訓長存！

諄諄教誨

先師靚次伯老先生縱橫粵劇界數十年，曾經演過無數的劇目，計有《龍虎渡姜公》、《四郎探母》、《六郎罪子》、《伍員夜出昭關》、《沙陀國借兵》、《柴桑弔孝》、《楊繼業撞碑》、《生包公夜審奸郭槐》、《萬世流芳張玉喬》、《殺子奉君王》、《紅樓夢》、《帝女花》、《紫釵記》、《再世紅梅記》、《牡丹亭驚夢》、《蝶影紅梨記》、《九天玄女》、《碧血寫春秋》、《林沖》、《蟠龍令》、《雷鳴金鼓戰笳聲》等等。而被行內行外一致公認為其代表作的，當推《六國大封相》中的〈坐車〉功架了。可惜吾生也晚，遺憾未能欣賞到先師早期的精彩名作，如《龍虎渡姜公》、《伍員夜出昭關》及《四郎探母》等，但所慶幸者是得他老人家悉心親授《六國大封相》、《帝女花》及《碧血寫春秋》等劇的表演要訣。

先師生前處事素來低調，故此除了在一些訪談中略有提及他的藝術觀點之外，基本上是沒有任何筆墨記錄的。誠如林家聲先生所說，先師在粵劇藝術上的豐富經驗與心得，是足以著書立說的，目前缺乏筆錄記載，對於研究靚次伯藝術來說，無形中便構成障礙了。有鑑於此，我雖自忖學藝不精，但仍希望將先師傳授給我的要訣實錄下來，以作這方面的補充。

以下專錄他老人家對《碧血寫春秋》、《帝女花》及《六國大封相》三齣代表作的藝術心得。

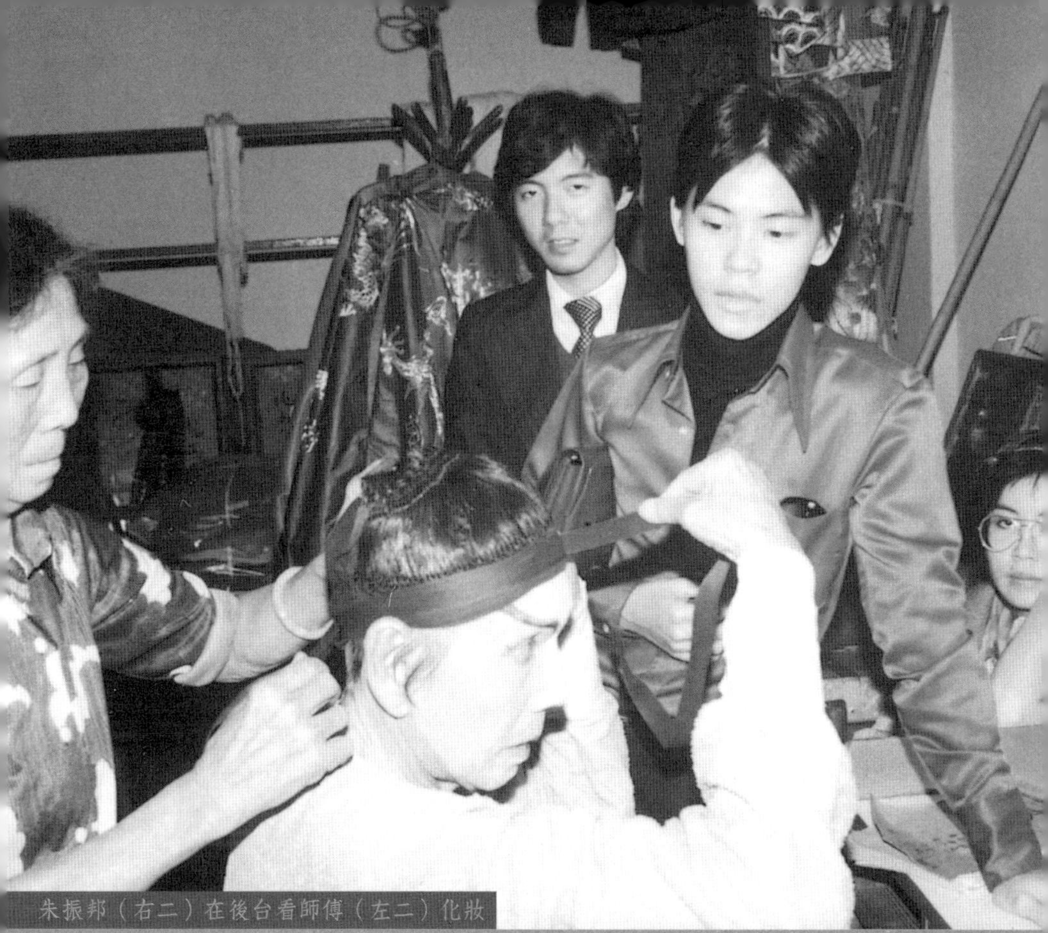

朱振邦（右二）在後台看師傅（左二）化妝

《碧血寫春秋》

《碧血寫春秋》是改編自先師的戲寶《殺子奉君王》。先師早年在林家聲的慶新聲劇團時，特別排演此劇。他在〈逼子上馬〉與〈殺子〉兩場戲中，把武生功架發揮得淋漓盡致。

（一）化妝

先師囑咐我在演〈殺子〉前要在臉上塗上一層油。出場時在舞台燈光的照耀下，便會令觀眾感覺到老元戎是懷着一股肅殺之氣回家殺子的。此外老元戎所戴的白髮在耳鬢間亦須「打散」，這樣的形象才能表達出他是在極度矛盾慌亂及神志不清的情況下殺子的。

（二）鑼邊花

先師說一般演員於出場時運用鑼邊花鑼鼓，多是在打響高邊鑼鑼邊時急步出台的；但他強調演〈殺子〉時，老元戎在鑼邊花鑼鼓中出場，應該以緩步出場。這樣才能表達出老元戎是在極不願意的情況下，拖着沉重的步伐回家殺子的。

（三）節奏

先師說〈殺子〉一場戲基本上有三個節奏。出場到唱「七字清」前是以極快的節奏演出，以示老元戎瘋狂斬子。唱「七字清」時稍為緩和，到讀完兒子所寫的詩時，整個變得沮喪，節奏也跟着慢下來了。

（四）人物刻劃

先師提醒道：老元戎是抱病殺子的，故此時要顯得雖然是一介武夫，但舉刀時已力不從心。

《帝女花》

《帝女花》為先師首本名劇，從仙鳳鳴劇團到雛鳳鳴劇團一直演了三十多年。他在劇中分飾崇禎帝與清帝兩個角色，有截然不同的表演。

先師演崇禎殉國前的蒼涼心態絲絲入扣，令人激賞。他曾經對我說他在「仙鳳鳴」演《帝女花》時是頭戴平天冠，身穿蟒袍內罩戰衣的；後來才改穿坐馬龍袴。他說崇禎登基時，明朝已是千瘡百孔，故此出場亮相時，他不把雙手托住角帶兩旁，而是把雙手輕托角帶中央，以給人一種無精打采的感覺。先師也說他演〈香劫〉時是有改裝的；即他賜下紅羅給長平公主之後，便畫上兩條「苦淚」，到〈殺女〉時便能使觀眾覺得崇禎的悲慘淒涼。先師告訴我演這幕戲時，一定要將劇情逼向高潮，所以當崇禎劈傷長平公主之後，要演得他精神逐漸恍惚，進入瘋狂狀態，連近侍太監王承恩

《女花》飾演崇禎（左）一角，攝於五十年代。

《帝女花》飾演清帝（右二）一角，攝於五十年代。

也不認得，最後隨着一聲淒厲狂嚎而下場，把整場戲的氣氛推向一個極度蒼涼的境界。

先師說《帝女花》中的清帝其實是清朝入關時的攝政王多爾袞。他說清帝出場亮相時要表達出他意氣風發、趾高氣揚的心態。在與周世顯針鋒相對時，還要表現出清帝也是機智過人，與周世顯暗中較勁；而對長平公主時，卻又換上一副慈祥臉孔，這樣才能把清帝這人物有層次地表演出來。

《六國大封相》

《六國大封相》乃先師畢生傑作，他在〈封相〉中所表演的「坐車」功架，嫻熟穩健，數十年來獨步梨園，使其在八十高齡時，依然穩坐粵劇武生王之寶座。七十年代先師到新加坡演出時，每演封相我例必到場欣賞，對他的精湛藝術嘆為觀止。後來得他老人家錯愛，收為弟子，他傳授給我的第一齣戲便是《六國大封相》，實在使我喜出望外！

先師教授我《六國大封相》時，是分開三個階段的。首先他為我敘述了〈封相〉的歷史背景，再來便對公孫衍這人物作了詳細的分析，以及詳述了這角色的台詞。最後才是悉心地傳授給我其坐車功架。先師在分析公孫衍的心態時，曾指出：公孫衍身為古代文人，應有一股「書卷氣」，所以他的公孫衍總是給人一種古月蒼松、儒雅飄逸之感。公孫衍奉命帶旨到洹水製台冊封蘇秦為都丞相，任重道遠，故捧旨出場時應要莊嚴肅穆，才不失古大臣之風。初見蘇秦時，發覺這位輔國英才氣宇軒昂，公孫衍喜形於色，應點頭稱許。及至後來「坐車」之時得到已貴為六國都丞相的蘇秦一再相送，公孫衍欣喜萬分，故需要運用一系列「坐車」功架來表達他的內心感情。先師所教授的「坐車」表演基本上可分為四個環節：拜車、衣邊（即舞台左方）坐車、雜邊（即舞台右方）坐車及台中坐車。

（一）拜車

由正車（即正印花旦所推的車）出場起，到公孫衍目送蘇秦下場止。先師強調在這段戲中，公孫衍要表露出對少年得志的蘇秦無限欽羨。首回互拜是前後對拜兩次，然後上車。在上車之前公孫衍是要與花旦「挑眼角」（即對望）的。先師一再強調這裡公孫衍要表現出對美艷的推車女讚美嘉許，切忌演得輕佻浮躁。接着先師為我示範了一組非常細膩的上車表演。首先是右腳踏上車，跟着起左單腳執袍；然後右手掀車簾，左手傍着紗帽翅，然後才將頭鑽入車中，再把車簾放下。這一組細緻的表演，能即時將無形的車活現於觀眾的眼前，乃先師「坐車」藝術中絕技之一。

公孫衍入車之後，甫一坐定，蘇秦便叫了一聲「老大人請了！」此時公孫衍便須從車中跳出來，與蘇秦再次拜別。跳車功架由三組動作組成：即右手撥車竹，左手挑車簾，左跨步下車。這三組動作需要同時進行，務求眼到手到，敏捷明快。接下來便是蘇秦為公孫衍掃車，一番謙讓之後再來一次對拜。根據先師所說，傳統封相演出時，是有背場倒退再上前對拜的，他覺得太過重複，所以刪減了。在這次對拜之後，還需要一個掩門相讓後，公孫衍才再次上車。入車後公孫衍表演「丁字架」曬靴，當蘇秦再度呼喚時，才探頭出來，目送蘇秦下場。「丁字架」是將左腳施施然提起，演員將身軀向後靠，再將左腳伸展於空間，與身體成一水平線，只靠右腳在地上支撐，此功架乃「坐車」表演的另一絕藝。

（二）衣邊坐車

在這個環節中演員只表演一種功架——翹靴嘴。這功架需要演員將全身平衡於足尖上，然後將身軀徐徐向後靠，是一項難度非常高的功架表演。先師解釋道這功架可分為「半落腰」與「全落腰」。所謂「半落腰」就是當演員把身軀向後靠到一定的程度，便開始表演耍鬚；而「全落腰」則要求演員把身軀向後靠，一直到膝蓋碰到地面為止。先師指出：演員雙膝碰地是因為腰下得太低所導致，決不能以雙膝來支撐身軀；整段功架的高難度便是在於只能利用一雙足尖作為平衡點。這功架代表公孫衍舒適地臥於車中，演員決不能稍露疲態。

（三）雜邊坐車

當公孫衍演完翹靴嘴功架之後，便走一個圓枱到雜邊（即台右方）繼續表演「左右顧盼」、「觸車」、「補皮鞋」及「搖腿」等功架。

與羅家鳳（左）合演《六國大封相》

「左右顧盼」即當公孫衍到雜邊坐定後，便揚起右邊袍袖，將左右腳掌向右翻，然後面向左邊耍鬚。接着便是揚起左袍袖，將左右腳掌向左翻，然後面向右方耍鬚。先師說這功架的難度，在於當腳掌翻向同一邊的方向時，應如何平衡身體？

「觸車」即公孫衍所乘的車觸到地上的石頭而使到車身震盪。先師要求我表演此功架時，要給觀眾一種突如其來的感覺。在「觸車」之前公孫衍是把雙腳向外翻，然後把身軀後靠，表示仰躺車中；但突然間公孫衍將身軀回彈，身體與車一同震盪起來，表示車輪觸到石頭。先師強調在此時演員還須配上驚愕的表情才會逼真。

「觸車」過後一切回復平靜，公孫衍便再次仰躺車中，即雙腳分別向外翻，然後下腰，表演「補皮鞋」功架。先師曾向我解釋這功架名稱的來歷。原來從前補鞋匠補鞋時，是以雙膝夾着皮鞋來縫補的，狀如這功架，故得此名。

「雜邊坐車」的最後一項功架表演，是「搖腿」。這功架要求演員單腳半蹲，然後邊彈鬚、邊搖腿。先師謂單腳已不易掌握，而單腳半蹲則難度更高。再配以彈鬚搖腿等動作，則難上加難了。先師還鄭重聲明，要我表演搖腿時，不能將整條腿搖擺，而只可以用暗勁將腳掌震動。他說這樣才能表演出公孫衍在車中悠然自得的儒雅風度。

（四）台中坐車

在「雜邊坐車」之後，公孫衍走一個圓枱，被眾元帥叫回，然後表演一個「丁字架」，跟着公孫衍在台中坐定表演最後一輪的坐車功架。首先是一次「補皮鞋」功架，然後左右拜別，最後連續三次「補皮鞋」功架表演。一個圓枱過後，還需要向衣邊「拋鬚」才入場。先師在這一輪表演中有一絕活，便是將絡絡白鬚彈向空中，任其飄然而下，瀟灑絕倫！先師晚年時，還經常提點我如何掌握這項鬚功的力度，他老人家對此絕活頗覺稱心。

先師一再叮囑我，若要演好「封相」必要練好腰腿功，因沒有過硬的腰腿功是演不到「坐車」功架的。此外，鬚功也是非常的重要，不過他說單單有基本功還是不夠的，最重要是能表達出公孫衍的喜悅心情，不然便只是有「技」無「藝」了。

先師在多年來給我無數的教誨與啟示。上述乃是他老人家針對其三齣首本名劇，對我的教導，故摘錄之，以茲參考與留念。

（轉載自《戲曲之旅》，二零零二年八月及九月）

朱振邦

靚次伯入室弟子，從藝達三十年，工武生（鬚生），兼演丑生、花面及老旦等行當。曾參加新加坡歷屆戲劇節、藝術節及戲曲節演出，並代表新加坡到埃及、蘇格蘭、日本、廣州及美國等地獻藝。現為新加坡藝術理事會屬下藝術資訊委員會委員。

粵劇之光——靚次伯電影的一些觀察

何思穎

一

《孝女珠珠》（一九六六）是靚次伯少有的時裝電影之一。在其漫長的演藝生涯中，靚次伯雖然演出了超過一百部電影，但是大部份都是古裝歌曲片，很少時裝片。他在這部影片中扮演粵劇學校師父白嘯天，徒弟包括林家聲、鄭君綿、余惠芬等。各人對他都十分敬重。

白嘯天是一個肖象性（iconic）角色。他充滿威信，為人嚴峻，做事也一絲不苟，對徒弟要求非常高。他雖不再登台演出，對粵劇仍滿懷熱誠，言談間經常提到捍衛粵劇藝術及華光師父的神聖地位的重要。他辦的學校正中央，更掛了一幅題有「粵劇之光」四字的鏡匾。白師父，儼然一個粵劇精神的化身。

二

粵劇對我來說是非常陌生的一門藝術。我求學時期是「番書仔」，其後放洋多年，更沒有機會接觸。對粵劇的一點兒認識，也只是透過偶爾看兩眼的粵劇電影。不過，對靚次伯我可不完全感到陌生。這並非因為我是他的「粉絲」，而是他的名字特別，兒時聽過，覺得很怪異，並聽說他是一個功架出名的老倌，因此留在記憶裡。在少數看過的粵劇電影中見過他的表演，卻因為對粵劇毫不了解而沒有留下任何印象。

我這種人，本沒資格寫關於靚次伯的文章，然而本書主編之一小思盛意邀請，我也只好濫竽充數，以電影角度嘗試討論這位傳奇性演藝人的作品。準備這篇文章時深深覺得，對粵劇缺乏了解，絕對不能完全明白或欣賞到靚次伯的藝術。他在電影上的成就，我也因時間所限，未能多看，在這裡懇請各位對粵劇有研究及喜愛靚次伯電影的讀者多多包涵。

靚次伯在《孝女珠珠》中扮演的角色，儼然粵劇精神的化身。

三

顧名思義，《孝女珠珠》並非靚次伯擔綱演出的電影。片名中的珠珠（是當年紅極一時的陳寶珠），是一名賣藝養母的雜技團員。她的對手，也即影片的男主角，是演白嘯天弟子的林家聲。他倆在遊樂場表演時巧遇，其後發覺大家也是鄰居。珠珠在雜技團假扮「日本妹」，深以為恥，希望轉行學粵劇，林家聲飾演的王家俊免費傳授，兩人因此也產生了一段不必點明而觀眾心裡有數的感情。

靚次伯雖然在電影中扮演一個肖象性的角色，但佔戲卻並不重。他在一個特寫中出場，一臉嚴峻地「擺師父款」。這個雖然是特寫，卻也是一個由上往下拍的高角度「觀點鏡頭」（Point-of-view shot）。坐在椅上的白師父，在站着的徒弟俯視之下，其威嚴顯得有點滑稽。在這一個充滿曖昧的出場後，靚次伯只出現於幾場戲中。明顯地，《孝女珠珠》中的靚次伯，只是一名配角。

四

雖然靚次伯是粵劇老倌，早在上世紀二十年代已當正印武生，而整個表演生涯亦以卓越的藝術成就備受尊崇，但在電影的領域中，他卻主要充當配角，參與演出的百多部電影中，擔正主角的比率不高。

當然，靚次伯也不是沒有主演電影的機會。他擅演包公戲，有「生包公」的美譽，故此也在多部包公電影中充當主角。然而，在我看過的兩部包公電影《包公三審血掌印》（一九五七）及《貍貓換太子》（一九五八）中，他雖是主角，卻並不掛頭牌。

靚次伯在《包公三審血掌印》的片頭字幕上排名第三，在張活游、梅綺之後。在《貍貓換太子》中，則在任劍輝、吳君麗、鳳凰女後排名第四。飾演包公的演員，本該為「名牌」主角，但靚次伯不但沒有擔正，並且都在故事發展到一半才出現。這是包公戲的公式，大部份電影都以較年輕的明星作主角，上半部都集中交代他們的故事。《包公三審血掌印》是張活游飾演的窮書生，被戀人梅綺的有錢父親看不起，其後更被垂涎梅綺的太師之子陷害，成為殺人兇犯，險些斬首枉死。《貍貓換太子》則為李宸妃吳君麗在宮內捲入政治鬥爭、其後逃亡宮外的故事，宮內宮外前後兩段，男角分別為太監陳琳及宸妃的養子，兩人同由「戲迷情人」任劍輝飾演。

窮書生與宸妃分別在兩齣電影前半部蒙上不白之冤，靚次伯飾演的包公，則在故事中段出現，主持公道，分別為兩人平反。包公雖為正義代表及大公無私的執法者，但在兩部電影中扮演的角色，卻是輔助性的，為張、梅、吳、任等明星扮演的角色服務。一旦任務完畢，包公便功成身退，故事又回到那些較年輕的角色身上。《包公三審血掌印》中最後張活游與梅綺有情人終成眷屬、《貍貓換太子》中的吳君麗則開開心心地做皇太后，安享晚年。

公三審血掌印》中飾演包公（右）

執法雖然成為服務行業，演包公的靚次伯仍然要施展他為人樂道的渾身解數，以娛觀眾。兩部電影都包括一些場面，讓他表演各種舞台功架。我對粵劇毫無認識，不懂判斷好壞，但從電影觀點出發，他的做手的確頗為可觀。靚次伯的演技，是一種頗為複雜的表演方式，牽涉身體語言（各種舞台功架）、表情（一種戲曲電影特有的方式，既具舞台表演的風格化模式，亦有電影表演的自然主義方法）、化妝（包括塗黑了的臉、直飛上額而濃茂的眉毛，經過處理而特別高的額頭等）、服裝（包括官袍、袖子、玉帶、靴子、帽子及兩旁伸出而以不同頻率顫動的帽翅、帽子被風吹掉而露出包紮頭髮的布帶等）、行頭（用以表演靚次伯膾炙人口的鬚功的髯口）、道具（各種刑具、武器、擺設等）及環境的多方配合，充份表達了劇情峰迴路轉的發展。此外，其極端風格化的表現方式，更投射出一種戲曲片或歌舞片獨有的「經過藝術修飾的現實」（heightened reality）。更重要的，是靚次伯舉手投足間都投射出一種自信，他的表演因此有一股懾人的氣勢。

有趣地，兩部影片中較為年輕的男女主角，表演都比較內斂，採用了較為吻合電影最常見的自然主義方式，與靚次伯的戲劇化表演形成了含蓄的對比。

《包公三審血掌印》有一場戲，在故事發展觀點看頗為牽強，但在戲劇觀點則很精彩。片中真正的兇手逃到荒野，躲避於一座破爛的廟宇裡，包公追尋而至，假扮相命先生誘導他認罪。這時刻，靚次伯又採用了另一套表演方法，比演包公時自然，但又比演窮書生或戀人的張活游及梅綺誇張，呈現出一種特殊的魅力，正是日常生活中算命先生蓄意培養的「經過藝術修飾的現實」那種舉止的戲劇版。而這場戲，也因為這緣故，帶上了魔幻色彩，特別引人入勝。

《包公三審血掌印》及《貍貓換太子》亦各有一些很精彩而又很舞台化的場面，尤其是兩部電影中都有靚次伯與劉克宣互鬥的對手戲。劉克宣在兩部片中都飾演奸角，前者為腐敗的太師，後者則為串通西宮的郭槐，兩部戲的審判過程都有一些與包公針鋒相對的時刻。兩名老戲骨趁機大顯身手，婆娑起舞地以做手表達言詞與心機的惡鬥，電影霎時間披上了一抹「大打北派」的燦爛！

然而，靚次伯這些風格化的時刻，雖然帶給觀眾觀感上的快慰，甚至令人有「拍爛手掌」的衝動，卻少有感情的投入。兩部影片都把「感動人心」的場面或情節，留給掛頭牌的明星，例如吳君麗在《貍貓換太子》中被西宮迫害、《包公三審血掌印》中張活游自愧家世，遭未來岳父白眼，被冤枉為兇手，及與梅綺在獄中申訴的處境。這兩部包公戲，都以「名牌」的青天判官提供解決劇情衝突的服務及觀感上的刺激；而博取觀眾同情及牽引他們情感的時刻，則留給較年輕的男女明星。

五

珠珠向王家俊偷學粵劇，白師父知悉後大發雷霆。他的威嚴，嚇得三個徒弟跪在地上求饒。白師父聲色俱厲地責罵家俊：「粵劇就是被你這種人搞壞的……做得幾台戲，稍為有多少皮毛，自以為了不起……你實在有幾多功夫？竟然收徒弟教人……教出你這種半桶水的人馬。你撫心自問，對唔對得華光師父住？」罵還不夠，白師父更毫不留情地一腳踢在家俊的面上，徒弟馬上鼻血直流。

六

一生縱橫粵劇壇的靚次伯，以精湛的功架聞名，有「武生王」之稱。他雖然在電影中經常扮演配角，卻有一股大部份明星都沒有的威嚴氣勢。五、六十年代粵語片盛行之際，大部份男星都是溫文忠厚的人，在銀幕上固然有可親甚至可敬之處，很多更得女性觀眾的鍾愛、寵愛或憐愛，卻少有像靚次伯那樣有舞台界所謂的壓場感。連身材魁梧的吳楚帆，也因為經常扮演貧窮、飽受命運戲弄的角色，而永遠帶有一絲脆弱。

靚次伯這份壓場感，相信與其武生訓練及因功力精湛而產生的自信有關。他只要在鏡頭前一站，便散發出不能抵擋的魅力，在銀幕上留下令人難忘的輝煌烙印。

在名劇《大紅袍》（一九六五）電影版中，靚次伯演活了嚴嵩的大奸大惡。他的唱造功架與台風，在與主角任劍輝的對手戲中，充份印證了李鐵對後者的評語：「（任）有……台上身段的瀟灑，連薛覺先也不如。若論唱功，她可能不算特別標青，但勝在聽落舒服。」[二]天皇巨星如任姐，與靚次伯同台，其瀟灑與舒服，也有被比下去之感。

其他如《山東紮腳穆桂英》（一九五九）、《楊門女將告御狀》（一九六一）、《金鋼怒碎銀安殿》（一九六二），靚次伯也同樣發揮其武生本色，舉手投足間的震撼力，搶盡同台演出者的鏡頭。《金鋼怒碎銀安殿》中綁子一節，更以舞台功架配合電影方式較細緻的演技，炮製出一場驚心動魄、但又令人心酸的重頭戲。就算在《三娘教子》（一九五八）中扮演善良的忠僕，他也光芒四射，在不同戲劇處境中，以細微含蓄的功架，例如忠心時瞇起雙目、面對奸人時一臉嘲諷、愛惜少主時掛在嘴角上的笑容等，在銀幕上留下深刻的印象。又如《烽火恩仇十六年》（一九六三）的忠臣袁安，十六年間以三種不同面貌出現，每次都形象出眾，表演出色，最後滿頭銀髮、一匹江河下濤銀髯的裝扮更令人難忘。但靚次伯也知守本份，從來不會讓自己的壓場感蓋過同場明星的風采，恰如其份地充當襯托牡丹的綠葉。

他的壓場氣勢，在《紮腳小紅娘》（一九六一）中更有特殊的展現。這部改編自名著《西廂記》的電影，主角是演稚齡紅娘的馮寶寶，飾崔鶯鶯的是馮素波，演張生的為潘有聲，而靚次伯則為兩名年輕人以外最重要的配角，結構上與馮寶寶一老一少夾着一對戀人。他不但是配角，而且還要反

與芳艷芬（左）、鳳凰女（中）合演《三娘教子》，片中一段願替少主受罰的「教子腔」唱段，令人印象難忘。

串，男扮女裝飾演鶯鶯的母親崔夫人。雄赳赳的武生，「整古做怪」地塗脂抹粉扮女人，很容易成為一場令人惋惜的鬧劇，甚至一台有失尊嚴的悲劇。然而靚次伯可說藝高人膽大，將其精湛的功架，假借到老婦人裝扮之下，把崔夫人演繹為一名充滿威勢的「女性家長」(matriarch)。女扮男裝的任劍輝，具備了某些男性少有的質素（例如「比男兒身的文武生更瀟灑、更雅儒」[三]）。由陽變陰的靚次伯，可說有「異曲同工」之妙。

靚次伯的電影壓場感亦因為他生就一雙黑白分明的大眼。經過多年的表演生涯，他也懂得善用這份天賦，以目為窗，展露不同的角色在不同環境或處境下的靈魂狀態。我無緣現場觀看靚次伯的演出，但可以想像，他的眼神，在粵劇舞台上定必很有神采。在電影中，演員與觀眾間的距離拉近了，這種特質便更有戲劇效果。例如上文提到《三娘教子》的老僕，大部份時間瞇着眼，表達出謙遜的耿耿忠心。在《金鐧怒碎銀安殿》的綁子戲中，角色悲愴的心情，充份流露於一雙失去了神采的俊目之內。在以老婦之身示人的《紮腳小紅娘》，他／她的雙眼在嚴詞教訓女兒時威猛有神，被小紅娘鬼馬刁鑽的意見弄得莫名奇妙之際，則流露出一陣不知所以焉的迷惘。

我印象最深的還是《貍貓換太子》中段一幕與吳君麗的對手戲。靚次伯遠遠的站着，鏡頭焦點全在吳的身上，然而凌厲有神的雙目，在焦點以外仍然閃耀生輝，可說是另一種「粵劇之光」。包公的「明察秋毫」，也在這無心插柳的一刻中獲得了意外的闡明。

七

白嘯天狠狠地教訓了王家俊，徒弟們雖然不敢哼聲，私底下卻認為師父的判斷有錯誤。他們決定繼續教授珠珠，在師父慶生宴上表演，讓他老人家親眼見證後起之秀的才華。

結果，白師父也同意，珠珠的確是可造之材，決定放下成見，親自解囊相授。由是，白嘯天一方面是粵劇精神的化身，備受徒弟敬重；另一方面則代表了上一輩的頑固與保守，不能面對轉變中的社會，只知一成不變地沿用舊式的訓練方法，拒絕接納如珠珠這般半途出家、但誠心學習的青年人。假若沒有「稍為有多少皮毛，自以為了不起」的徒弟家俊，珠珠成為明日之星的機會便白白被他扼殺了。

事情發展下去，命苦的珠珠又要面對新的難題。黑幫頭子大哥成威脅她停止學戲，並挾持她的母親，強迫她作搖錢樹。珠珠聲淚俱下地向坐在沙發上的大哥成懇求，鏡頭一轉，卻剪到坐在沙發上的白師父，因為珠珠遲到排戲而大發雷霆。這場戲透過影像有意無意地把大哥成與白師父放在同一位置，兩者都是家長式的上一輩，儘管一忠一奸，但兩人同時對年輕人有不合理的要求，大哥成企圖剝削、白師父則過份嚴厲。其後珠珠為勢所迫，在白師父面前跪下，請求他容許她停學粵劇。頑固的師父，首先帶着冷笑，語帶嘲諷地說：「好閒啫……」跟着臉色一變，大喝一聲「滾！」。

不單把她趕走，還親自動手推她下地：「算我有眼無珠，教着你這個咁反骨的徒弟！」無論珠珠如何悲慟、如何哀傷，他都硬着心腸，叉着腰不理她。珠珠傷痛地奪門而去，師兄師姐隨後追上，留下還叉着腰的白師父，獨個兒站在「粵劇之光」的題字前。多具諷刺性的一個影像！

八

《孝女珠珠》這部陳寶珠電影，正好讓我們見證了「武生王」靚次伯戰後的演藝生涯，也反映了粵劇在六十年代的景況。戰後的普及文化，是年輕人的世界。在粵劇界，早在三十年代，傳統行當已經歷了鉅大的變化。容世誠在本書另一篇文章中指出，文武生在當時逐漸當紅，武生則變成輔助性的配襯角色[三]。到了戰後的香港，觀眾更愛看年輕生旦主演的戲，空有一身好武藝的靚次伯，亦因此只能退居二線，擔演次要的角色。根據本書編者小思及張敏慧與武生及丑生尤聲普的訪談內容，靚次伯當年閒談時亦曾感慨地說：「不要做武生了，搵唔到食的，還是轉做丑生吧！」[四]

電影範疇也同樣是年輕人的天下。就算吳楚帆、張活游等「中聯」一代，年紀已屆中年，但還是經常扮演二十來歲的小伙子。六十年代中期以後，電影界更經歷了陳寶珠、蕭芳芳等的青春運動，短裙、喇叭褲、阿哥哥紛紛出籠，靚次伯的武生行當，又豈有容身之地？

白師父在《孝女珠珠》內厲聲教訓徒弟時說：「最近落班，你擔到正了……你可以離得開師父了，有毛有翼了！粵劇就是被你這種人搞壞的！」然而電影在這方面卻明顯站在「有毛有翼」、「搞壞粵劇」的徒弟輩那一邊。正如上文所說，慷慨陳詞的白師父其實錯了。他看錯了珠珠的誠意及家俊的用心，電影也暗示了他看錯了「這種人」的成就與貢獻。另一方面，白師父的一番話，也真道盡了靚次伯那一輩粵劇人的心聲。他痛心疾首地繼續罵：「你好學唔學，學到上台你就欺台，落台你就『蝦』（欺）人」。意猶不及，他還一字一頓地說：「招搖自大！」。

徒弟家俊雖然口口聲聲「師父，係我唔啱」，但是，又如前文所說，他心底是不同意的。最後，他也的確證明了自己判斷的正確。珠珠不但真心學藝，苦心研習，更有天賦才華，不多久便嶄露頭角，為粵劇界增光。不但如此，家俊也真的「擔到正」地負起了粵劇學校的領袖地位，在危急時間帶領師兄弟打救珠珠。

白嘯天及他的學校，在《孝女珠珠》內也有代表粵劇的意義。但在電影最後幾場戲，白師父在義憤填膺地責罵了珠珠後卻完全失了蹤，不但在拯救珠珠行動中不見踪影，最後珠珠登台演出也同樣缺席。當然，這很大程度是編導的疏忽，然而明顯地，電影的重心，是放在珠珠與家俊等年輕角色身上。大哥成強迫珠珠離開粵劇界，繼續假扮「日本妹」騙人，象徵了當代娛樂事業的腐敗，而家俊救她脫離苦海，則有拯救粵劇的含義。他率領師兄弟殺退黑社會嘍囉，使用的是粵劇功架，包括舞台上常見的大關刀、纓槍、單刀等。他其後更栽培珠珠成為粵劇界新星，與她同台演出，絕對是白師父所說的「上台就欺台、落台就『蝦』人」的相反，已肩負了拱衛粵劇的重任。當另一名角色惡言中傷粵劇界時，他也義正詞嚴地為大家辯護：「粵劇不是你講那麼壞的！」家俊的確是「離得開師父了！有毛有翼了！」

普及文化的發展是與觀眾口味息息相關的，《孝女珠珠》的矛盾，流露了粵劇界面對時勢改變的掙扎，一方面肯定老倌的成就及尊敬他們的地位；另一方面則必須面對觀眾人口年輕化的現實。在這種情況下，「武生王」靚次伯，也不得不退位讓賢，在完場前失蹤，把舞台讓給陳寶珠與林家聲了。

（準備本文時蒙張敏慧、黃敏聰、陳彩玉、王少芳、陳秀英多位幫忙，特表謝意。）

何思穎　香港電影資料館節目策劃，並在香港中文大學教授電影課程。

一　李焯桃，〈戲曲與電影：李鐵話當年〉，載李焯桃（編），《粵語戲曲片回顧》，（香港：市政局，一九八七），頁六十八。

二　林娓娓，〈伶星印象〉，李焯桃（編），《粵語戲曲片回顧》，（香港：市政局，一九八七），頁五十八。

三　容世誠，〈粵劇文化史脈絡中的靚次伯：從「新國華」到「勝壽年」（一九二三—一九四一）〉，參見本書頁四十八至八十五。

四　根據小思及張敏慧與尤聲普先生訪談內容，二零零六年五月三日。

靚次伯之坐車藝術（圖輯）

圖：梅雪詩提供　文：尤聲普口述　張敏慧筆錄

一

二

六

七

一　公孫衍白鬚白髮，捧着聖旨，掀起大蟒，抖動身體，一步兩步三步，表示上了台階。宣讀聖旨，六國諸侯封蘇秦為相。

二　聖旨讀罷，入場，再出場。捧聖旨時穿重料雲肩大蟒，戴相貂。再出場時，改穿輕料蟒袍紗帽，方便袍腳水袖連串動作。

三　車來了，一看，咦，推車姑娘美貌可人，少不免多看幾眼。

四　招手叫車，撥開車簾，準備上車。

五　提腿掀簾，側首跨步，轉身坐低。動作形象化而帶美感。

六　正要起行，蘇秦禮義周周，走過來再道別。連忙一個回頭車，跳出車外，背場對拜。先拱手，後捋鬚，客套一番，表演得體，彬彬有禮。

三

四

五

八

九

十

七　再次登車，護着帽翅，側首彎身鑽入車廂。一隻手托起簾帳，另一隻手再回撥放下車簾，坐穩車。

八　兜起蟒，擺好架式。單腳曲如坐姿，手抱膝，翹起另一條腿，自由擺動，好不自在。坐着空氣椅，頸腰腿力度融成一體。

九　向左斜靠，捋口鬚；向右斜靠，撣帽翅。唔，好寫意！

十　示意掌板師傅，撐框框撐……鑼鼓配襯下，腳掌反側向外，身體坐低向後靠，不自覺打個瞌睡。

十一

十二

十六

十七

十一　繼續行車，帶推車女走圓枱。

十二　靴嘴腳尖平衡身體，徐徐向後靠，落腰，再起，再落。仰面屈膝，像躺臥在車裡。腰腿狠用勁，表情卻要倍輕鬆。年輕時揮灑自如，年紀大了，得枕車竹借力。

十三　連人帶車忽然拋上拋落，老人家嚇了一跳，按着車竹喘氣。兩腳反側坐低，向外探頭，左望右望，再向前望，哦，原來車輪撞倒石頭。

十四　過了崎嶇路面，車子穩定下來，帶着推車女轉身，拋鬚，過位，走圓枱。

十五　忽然車一停，身向後靠，單腳抬腿平放，與上身成一水平線，探海晒靴。力度、速度、風度、表情，少一不得。

十六　「請呀，老大人。」微絲細眼一看，原來六國元帥齊來送行，好不威風。

十七　忙忙打個招呼，開邊敬禮，再上路。

十八　留意他的腳掌反側，謝過元帥後，慢慢坐低，看看街景。畀個影頭掌板，撐登撐……動作一收，鑼鼓緊跟，腳尖跳起立正，再屈膝向後挨貼地面。起身、落腰，有節奏有表情，一段高難度的啞劇。

十九　車行穩定，又有元帥送行，開心之餘，大耍鬚功。玩法純粹是即場感覺，捧、撥、拈、揮、拋、攬、扭、吹，花樣多多，真箇得意洋洋。

十三

十四

十五

十八

十九

二十

二十

鑼鼓擂動，框框框撐的撐。反踭拗腰到地，抛鬚，舒服晒。看他神態，正在享受悠閒坐車的樂趣。落腰難，提起身更辛苦，基本功不到，等閒無法自然暢順地完成一連串套式，真是久經苦煉的廣東大戲絕活。

最後別過元帥，走圓枱，抛鬚，回朝覆旨，入場。

普哥（尤聲普先生）說：坐車過程大約十五分鐘，是純個人表演。其中有傳統指定套路，有四叔私伙獨創。四叔坐車全行公認最好，動作儒雅但有難度，細緻兼具層次，表情意態合乎情理。最精彩的地方是，沒有硬繃繃的功架，沒有無謂的賣弄。有腰力氣力難，有「造意」更難，最值得學習及欣賞的不單在「功」，更應在「意」，那才是真正的坐車藝術。（攝於一九八零年）

靚次伯示範古老排場跳加官（圖輯）

圖：朱侶　文：張敏慧

一

二

七

八

黎園戲班的傳統例戲，日戲一開鑼，先演「碧天賀壽」、「天姬送子」，然後才是正本戲出場。據四叔的訪談紀錄說：舊日在《八仙賀壽》前，又先來一場約三分鐘的跳加官。所謂「跳加官」，就是有一天官，戴着面具，執着牙笏，手捧方盤，或手持卷帛出場，隨着小鑼節拍，按着一定儀式規格，展示不同手勢功架的啞劇。最後天官走到台前，向主會及觀眾致敬，取出盤上紅帖，或

三

四

五

六

九

十

十一

十二

打開卷帛，上面寫着「國泰民安」或「天官賜福」、「風調雨順」等祝福字句，寓意富貴吉祥及升官晉爵。

一九八九年九月九日，香港市政局及香港中文大學合辦傳統粵劇滙演，靚次伯在香港文化中心示範「淨面跳加官」。他演的這個天官，沒有戴上面具，所以叫「淨面加官」。這次示範表演，為粵劇古老排場留下了一點珍貴的紀錄。

第三輯　紀念文章

我敬佩的四叔

小思

去聽靚次伯先生演講，給了我許多啟發，也更增加我對這位老粵劇表演家的敬慕。

我稱他表演家或藝術家，而不稱他作藝人，因為我覺得稱「藝人」實在不夠尊敬，也沒法子表現他老人家在粵劇界的成就。當然，我許多時候還是親切地叫他四叔。

那天，一個文化中心請他去演講，講的是他從事粵劇表演的經驗和體會。可是，很湊巧，他老

人家卻已病了兩個星期，為了免聽眾失望，竟堅持帶病出席。在掌聲中，他步履蹣跚走上講壇，還沒有坐下，他已經支持不住，扶着牆壁、掩着額在喘氣，阮兆輝摻扶他坐下，只見他清癯臉上蒼白得很，手也發抖，全場變得鴉雀無聲，我相信大家心裡的擔憂是相同的。坐定了，他抬起頭，擺擺顫抖的手，說：「沒事，沒事。」射燈照着他明亮閃耀的眼睛——就是在舞台上，我們慣見的光芒，但我們還是擔憂。他開腔了，依着後輩阮兆輝的每一發問，他緩緩地憶述自己幾十年來走過的歷程。怎樣對住鏡子苦練那一口鬚整整三年長，怎樣向不同專長的名角偷師，怎樣細緻揣摩《六國大封相》公孫衍坐車的心態和動作，說到某些動作，他竟然雙手舞動。大概開講十五分鐘後，四叔聲音愈來愈響亮，精神大振，雙手也不抖了，說話既有感情，又見間中幽默，我們也忘掉了剛才的憂慮，樂在其中。

八十多歲老人家，集中精神，投入自己一生事業中所發揮的威力真大，既克服了病痛，又吸引得別人也同時投入他的境界，這種老而彌堅的光輝，實在叫人敬佩。

兩個多小時過去，四叔帶着微笑，在我們掌聲中步出會場。他拱手為禮，我想，他一定明白，我們完全敬佩他，特別他那老而彌堅的精神！

（轉載自《耆康報》，一九八九年八月，頁四。）

懷念靚次伯先生與他的藝術

日期　一九九二年二月
節目　香港電台「靚次伯先生紀念特輯」
主持　葉世雄
嘉賓　龍劍笙、梅雪詩、林家聲、賽麒麟、蕭仲坤、尤聲普、廖國森、陳非儂、羅家英、阮兆輝
摘錄　張敏慧

龍劍笙：由一九七三年開始我出身接班時就與四叔同台演出。雖然我們行當不同，但有很多地方都可以向他借鏡。有任何不明白、不懂得的地方，如打仔場面、公堂審人，只要請教他，他便會毫無保留地教你。演出時，如有他在場，這場戲一定會好得多。如果做得不對，他會補救「兜住」。因此值得向他學習的地方很多，例如在他演出前，哪怕是他慣熟的劇目，他也必留心重看劇本。即使在極度不舒服情況下，仍然傾力演出。他真是一位十分難得的長者。

梅雪詩：我考入仙鳳鳴劇團演出《白蛇傳》時就與四叔相識。到「雛鳳鳴」起班，才與四叔直接接觸。在戲中我們常演父女角色。是他常帶我入戲，對我的幫助很大。在我入戲行以來，在前輩之中，他對我真的很好。他把我當作女兒看待，落鄉做戲時，我要早入台，他為遷就我也陪我一早到戲台。散場由他兒子玉樞哥接送，老竇（我習慣這樣稱呼四叔）一定先送我返家，見我步入家門後才離開。演出時我做得不對的地方他一定會指導我，他對我真的十分好。

林家聲：由一九六二年起我便與四叔合作，前後有十六年，由「慶新聲」到一九七八年「頌新聲」，基本上都以四叔為武生首選。最後合作是一九七八年市政局舉辦的香港藝術節，其後因為「頌新聲」多武場戲，而四叔年事已高，怕太損耗體力，才少了合作。他演封相、坐車功架，很細緻，樣樣手到眼到、關顧周密。他坐車見到元帥時，兩手拈鬚，忽然一跳，兩隻靴底向外翹，不需扶車竹，三起三落，最後落到貼地，當場贏得滿堂喝彩。這是武生行當中不可多得的人物。他資格

中為關海山（左二）、任冰兒（左三）、靚次伯（左五）、家聲（右三）、黎玉樞（右二）及半日安（右一）。

前排左起為梁醒波、靚次伯　許英秀、新馬師曾、羅麗娟、
鳳凰女、麥炳榮，後排左起為關海山及何驚凡。

老，但演出絕不古板，步步跟上潮流。他演出有新方法，有新意義，難怪他能夠屹立舞台超過半個世紀。最深印象是合作演《碧血寫春秋》。這齣戲可以說是專為四叔編寫的。有兩場他的主力戲，一場是迫子上馬從軍，另一場是殺子，當年是一九六六年，他年紀已不輕，一輪動作後，編劇安排一段「雙星恨」給我們唱，好待他坐着回氣，然後他唱一段「乙反木魚」。這段「乙反木魚」，四叔唱得十分撩耳動聽，是人所共知的。他不單表演鬚口功架，同時亦協助設計指導度台位。四叔安排得合乎情理，直到現在，我們仍然保留四叔編排表演程式。假如他能口述有人執筆的話，四叔的理論真的可以著書立說。我最懷念他的一句理論：「應到你做你就做，不應做時不要搶人戲做。一台無二戲。」

賽麒麟：我初學戲時，在日治時代澳門新聲劇團認識四叔。和平後我隨着新聲劇團返香港演出。一九六八年仙鳳鳴在佐治公園演出，我也有份參加。那時候，四叔對我說：「上次觀音誕，我看過你演出封相坐車，你落腰方法不大妥當。」他隨即拿起兩根竹枝教我坐車。他白鬚戲一流，反串婆腳戲不差，唱腔很動聽，我最懷念他唱南音。五十年代到現在，演《萬惡淫為首》、《百行孝為先》，新馬師曾唱完南音後，除了靚次伯，有誰夠膽接新馬唱南音，而毫不失色！

蕭仲坤：我本來是做小生。有一次，「雛鳳鳴」去安南演戲，由我代替四叔演武生位置。他親自教我坐車功架，最難學的是落腰，他基本功紥實，落腰很低，功架一流。我只學到皮毛。他上車落車的風度和老態，暫時尚未有人能學得到。

尤聲普：與四叔相識幾十年。他最能把握劇中人性格，又有獨特的唱功。他高低線口運用自如，在有沒有音樂伴奏時都能控制自如。這就是唱功的造詣，他所有的演出我都懷念，尤其是演《帝女花》崇禎一角，最出色的地方是他表達到國破家亡的蒼涼感。

廖國森：四叔告訴我是他推薦我接替雛鳳鳴劇團武生的位置，我最欽佩他的地方是有演員道德。記得有一次演棚戲，他病到無氣無力，但仍然堅持完成當晚的演出才肯休息。這種藝術工作者認真的要求及態度，給我最深刻的印象。

陳非儂：靚次伯做戲無懈可擊。聲線沒有鏡華咁好聲，但很動聽，跌宕有勁，耳軌聽落很舒服。別饒風韻。揚名並非倖致，一場戲有他配合，就生色不少。

羅家英：四叔與我羅家淵源很深。先父羅家權曾說過，他曾跟過一個武生叫靚寵，就是靚次伯的叔父，因此，先父與四叔是師兄弟。先父與他合作時是在人壽年劇團，在上海、廣州經常演出，《龍虎渡姜公》一劇，四叔演聞太師或羌子牙，先父演紂王。在上海演出時，四叔喜歡看周信芳（即麒麟童）的老戲。我最難忘的是與四叔在一九七七年合作組織大群英劇團到新加坡、馬來西亞演出九十場。大家相對三個多月，他教《蘇武牧羊》的〈戀檀〉、《岳武穆班師》、《六郎罪子》等我在香港沒有演出過的舊戲及古老排場，有時還講些古老戲人的笑話逸事，讓我增加了很多知識。

阮兆輝：他的成就很高超。他個子形格不及一般武生般健碩，在中年時聲線亦不好，但在這不利條件下仍能闖出自己路數。他年紀越大時，在舞台上演出的方法仍能夠使台下觀眾感覺到他並沒有退步。事實上，從我初入行時，到現在的他，也真的沒有退步。當然，他的體力沒法維持在壯年時一樣，但他能遮掩到且顯得精神飽滿，使觀眾極度接受，那是一個很高很高的成就。他不單自己建立在武生界的地位，而且一直走紅到八十幾歲，可見他藝術成就的高超。

與羽佳（左）及尤聲普（站立者）合照

靚次伯

孔昭

新年最不愉快的消息，是我們粵劇紅伶靚次伯逝世，本來以八十七高齡辭世，應該是笑喪，只是對於一個喜歡粵劇的人來說，總是心有戚戚。

靚次伯一生貢獻於粵劇，本身就是一本活字典，曾有數次跟他聊天機會，給我的印象是健談與開通，首次見他的時候，他拿着我的名片說：「孔昭，真是一個清雅的名字。但演粵劇不成，它不夠艷。」然後告訴我所有花旦皆有「艷」名，如芳艷芬、白雪仙、吳君麗等等。

我看他化妝，拿着粗黑的眉筆，在鼻兩旁劃直線，手已顫，線像蚯蚓，他說：「別擔心，舞台遠，觀眾看不見。」然後以抖着的手指把蚯蚓化成鼻影。老了，不能讓觀眾看近鏡，這也是他不肯拍電影的原因。

有位朋友很服靚次伯的唱腔，覺得今天唯有他才見「粵劇味」，很想出版他的唱腔專集，要做好這件事，必須有足夠的金錢，因為這是沒市場把握的，做這件事的人，是準備賠一筆錢，以作對靚次伯的藝術的一份敬愛。

不料計劃尚未實行，四叔已溘然辭世了。

我翻開以前做過的粵劇筆記，靚次伯一身披三代粵劇繁華，他自己的、「仙鳳鳴」的、「雛鳳鳴」的，再看當時在後台拍下的相片，臉上皺紋滿佈，盛着歲月的滄桑，拍照時，他沙啞着聲音：「舞台與我廝守了幾十年……。」

靚次伯不是任劍輝，不是新馬師曾，不是林家聲，大概沒有人瘋狂地迷戀，但他在粵劇界的成就、功力，都是不可置疑的，也是使人膺服的。

（轉載自《明報》，一九九二年十月二日及十一月二日。）

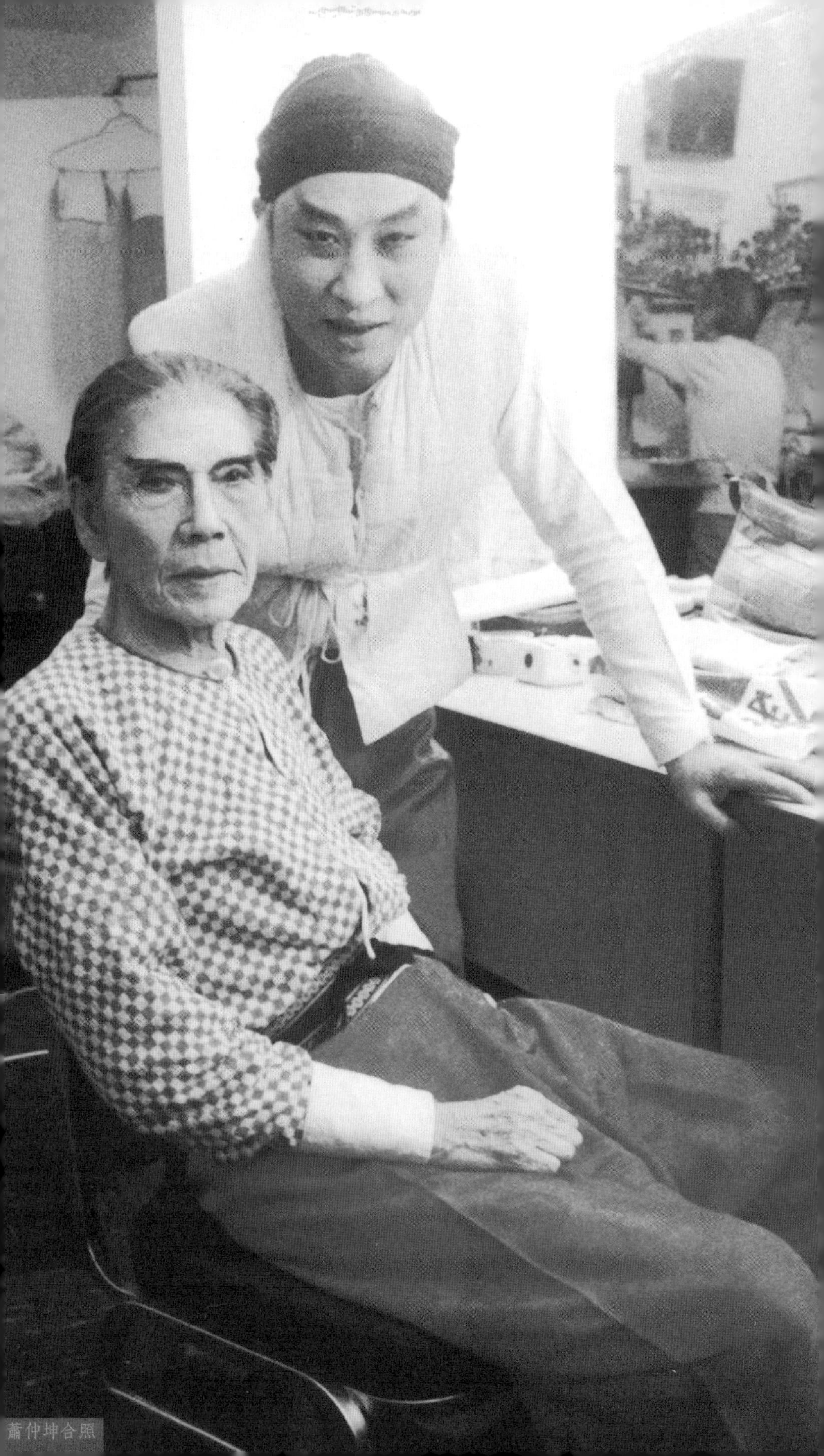
蕭仲坤合照

靚次伯

吳靄儀

對於靚次伯，有一份很特別的感情。份外喜歡他的古腔，喜歡他的功架，無論扮演忠的奸的角色，都十足氣派。像《帝女花》上半部扮演崇禎，下半部演清帝，《紫釵記》扮演盧太尉，他高大威武的造型，沙啞的大唱腔，把嬌弱的白雪仙襯托得份外楚楚可憐。

那時人皆稱「任、白、波」為「仙鳳鳴」的支柱，靚次伯彷彿次要。我很為他委屈。梁醒波真是少有的天才藝人，嚴肅詼諧的角色都照樣揮灑自如，但誰都知道波叔不肯太認真，不大用功，一

釵記》中飾演盧太尉（右一）一角

於靠天才，在舞台上的「爆肚」，有時嚇死白雪仙。但靚次伯永遠是外表威煌，骨子裡盡責，一絲不苟，永不出錯累他人擔驚。

所以最高興到了《再世紅梅記》，有那麼多梁醒波、靚次伯的對手戲，迫着波叔認真，兩霸各展雄才，令人聽、看得痛快無比，對兩人來說，都是巔峰的演出。波叔在《紫釵記》花前遇俠的黃衫客固然精彩絕倫，但那是與白雪仙一個極剛一個極柔的對比，與靚次伯則是兩雄相遇，格外緊張。

對靚次伯一直有特別的感情，基於感慨他年復一年，做支持別人的角色。任、白培養出龍劍笙、梅雪詩，她倆於是退休去了，但是襯托了任、白的靚次伯沒有代替他的人，短短一陣有阮兆輝，但結果還得倚賴他老人家，做完師父的配角，繼續以同樣敬業的精神，做徒弟的配角。

舞台春秋，就多這樣的故事。靚次伯從來沒有做過明星，波叔曾經是明星，他只是不可缺少，沒有了他主角便發揮不出風流俊俏或千嬌百媚的一個搭伴。

很少有報道說及他的個人狀況或經濟環境，但顯然他沒有任、白那種積蓄，幾十年的伶人生涯，他晚年也許十分平淡。新一代的粵劇迷會悼任姐，對於靚次伯之死，不會反應太大，只有同他合作過、受他扶持過的藝人，知道他們的損失大得無法彌補。

（轉載自《明報》，一九九二年二月二十八日。）

《再世紅梅記》中飾演盧桐（左）與賈似道（梁醒波飾）兩雄相遇，格外緊張。

又添幾許夢中愁——悼念靚次伯

古蒼梧

繼梁醒波、任劍輝、鄧碧雲之後，我們又失去了一位使人夢寐難忘的粵劇／電影老藝人靚次伯。人生如夢，因夢成戲，戲—夢—人生本來在我們每個人記憶中就難分邊界，這三個記憶層面構成了一個有情天地。真感激愛迪生，他發明了電影，發明了記錄夢的方法。因為電影，我們可以舊夢重溫，可以閱讀我們的記憶，回顧我們的人生。梁、任、鄧、靚俱往矣，但他們都拍了數以百計的電影，這些電影，是他們的夢，也成為我們的夢的一部份。通過這些電影，時光可以倒流，記憶可以重拾；梁、任、鄧、靚，本人以及他們所扮演的角色，都已融入我們的經歷之中，成為我們的親人、朋友，或是偶遇的芸芸眾生……

必須讚揚「亞視」的粵語長片策劃人。他在短短的時間內即已安排了連續五天的靚次伯紀念特輯，放映了五套作品。難得的是劇目選得頗精。他避過了大家耳熟能詳的「仙鳳鳴」名劇，從靚次伯個人的表演特色出發，選映了《花開富貴錦迎春》、《妻嬌郎更嬌》、《楊令婆掛帥摘印智斬潘洪》、《紮腳小紅娘》和《清官斬孝女》五部較少人知道的粵劇電影，使觀眾重新欣賞到靚次伯多方面的演技。

拔扈以外有俠氣

這五部電影，除了第二部楊老爺的角色若干地方重複了《紫釵記》盧太尉那種專橫拔扈的性格外，在其他四部中，靚次伯塑造了四個身份、性格，甚至性別都不同的人物：《花》片中的大俠，《楊》片中的漢奸潘洪，《紮》片中的相國夫人以及《清》片中的清官海瑞四個人物。靚次伯的表演都極其嚴謹：每一個角色，從服裝、扮相到整個人物的造型、性格的刻劃都一絲不苟，充份反映出他個人獨有的體會，一點都不概念化。例如在《花》片中扮演大俠，這類角色，在我看粵語片或粵劇的經驗中，就沒有哪位演員比他演得更軒昂、豪邁，更有氣派。也許梁醒波在《紫釵記》中的黃衫客堪與匹敵。但黃衫客得力於臉譜，也得力於劇本對人物性格的提示；《花》片中的大俠以老武

生應工，戲份不多，性格也比較模糊，在銀幕上那種瀟灑與氣度，完全是演員的功力所在。在《花》片中，我們看到靚次伯最英俊、漂亮的造型。要不是親眼目睹，實在很難想像這就是本人其貌不揚的靚次伯。

老旦更勝半日安

《楊》片中的潘洪造型更是出人意表。在很多劇種中的潘洪是開臉的淨角，現代粵劇受話劇影響，偏向寫實，較少用開臉的淨角扮相，在粵劇電影中更是如此。靚次伯的潘洪便沒有開臉，只在眉毛上加工，弄成濃密地向上散開的掃帚眉，含蓄地點出人物的拔扈與奸險；鬍口、髮飾和服裝卻與老生無別。在表演方面，靚次伯是把淨角與老生的行當結合運用，使潘洪這個反面人物顯得更為狡獪、深沉，更有份量，不會流於臉譜化。

《紮》片中反串相國夫人也非常成功。除了服裝，靚次伯十分重視眼部化妝，尤其是眼眉；大俠的劍眉，潘洪的掃帚眉，相國夫人彎細的柳葉眉和海瑞清秀的蠶蛾眉等，都因為人物不同而有所變化。不同的眉毛造型，加上不同的眼神，人物性格便躍然而出。他的相國夫人，由於眉毛經過處理，眉梢眼角，便在威嚴之中，帶幾分女性天生的溫婉；加上柔和的唱腔，使人忘了他原來的性別。粵劇演員中半日安也扮演過相國夫人這類角色。但半日安的表演多少帶有丑生的味道，接近彩旦的方法；靚次伯在《紮》片中的相國夫人完全是老旦的路子，更切合人物的身份風度。至於《清》片中的海瑞，靚次伯以老生應工，古腔唱得一板一眼，蒼勁雄渾，使人想起他在另一片中所飾的韓愈，角色性格不同，文人的儒雅大器則一。

靚次伯年輕時原工武生，有武生王之稱。因武功深厚，到高齡仍常演《六國大封相》之公孫衍，坐車時的功架、身形、表情，全行仍無人能及。我們這一輩人看到他的表演，卻是他中、晚年時以老、外、淨等行當為主的角色。

現代粵劇劇目以生、旦戲為主，故我們已來不及看他擔綱主演的戲了，使人遺憾。儘管靚次伯中、後期演的都是配角或大配角，但只要他一登場，即予人鮮明深刻的印象。而在電影，在夢的紀錄中，他的形象更是多采多姿，永垂千古。

（轉載自古蒼梧著，《備忘錄》，牛津大學出版社，一九九五年。）

四叔事蹟補遺

白雪仙口述 盧瑋鑾筆錄

年輕時，我與父親同住在利園街（即現時利園山道），跟四叔同屬街坊。

抗日戰爭時，在澳門組新聲劇團，大家合作有默契。當時常會添演新戲，匆忙加新劇本，出場前叫我們用幾首時代曲加上文字唱出，有些人只好亂唱拉腔，四叔很不習慣。

我們組班去安南演出，只要標出《六國大封相》由「靚次伯坐車」，就會滿座，我不肯推車，

與任、白、波、蘇少棠及雛鳳攝於六十年代賑災籌款義唱大會

由別的花旦擔當。

在安南掛牌演《紮腳穆桂英》時，我不懂紮穆桂英架，由四叔教我紮了個男人架，也算過了關。在安南我們演《九天玄女》，四叔演閔王一角，很細緻。

四叔出道即擔武生，是騎龍武生，三四十年代，已稱武生王。可惜，四十年代中葉後，劇本對武生行當不再重視，常在劇中要他擔些閒角，或反串或要扮八婆，他有點心灰意冷。到仙鳳鳴劇團，唐滌生寫劇本，武生受重視，他始覺得有地位。

粵劇古老排場中，中州音講得最好的是四叔、波叔（梁醒波）、任姐（任劍輝）三人。四叔在傳統粵劇戲班出身，但他不斷採用了京派功架身段，加以改良，再混合自己角色所需的身段，很前衛。

四叔初拍電影時，不知道導演會分場跳鏡拍，他不懂，問為什麼劇情還未講到這段，就要他講這句曲。

（二零零五年十二月十四日於逸廬）

與吳君麗（左一）、任劍輝（左二）、白雪仙（左四）、梁醒波（右一）及唐滌生（後排左一）。

我敬愛的武生王靚次伯

葉紹德

新聲劇團時期，靚次伯（左一）與歐陽儉（左二）、任劍輝（右二）、白雪仙（右一）同台演出。

武生王靚次伯，在梨園享譽數十年，簡直是粵劇界的瑰寶。這裡我不是談他的演出歷史，而是談及我對這位老前輩的尊敬。

靚次伯排行第四，戲行中人尊稱他為四叔，據他說從十八歲擔任武生，數十年未有轉過行當。他的演出，非常全面，數十年封相坐車，至今無人能出其右。四叔為人和藹可親，對後輩時加指導。我記得在一九五三年，白雪仙擔任正印花旦，其中一齣戲內有古老擊掌排場，白雪仙對古老排場認識不深，四叔很細心地對白雪仙教導。到了七十年代中，雛鳳漸已長成，四叔亦教導梅雪詩擊掌排場。這位老人家，對後輩愛護有加，梅雪詩當他如慈父。

我在寫作期間，對於唱腔與排場有不明白的地方，便向四叔請教。四叔知無不言，言無不盡，令我獲益不少。他對工作非常認真，由於他演封相坐車非常吃力，後期他指定紅伶朱秀英代他演出。在演出時，他站在台邊觀望，覺得演出完美，方才放心。

四叔為人低調，絕無大老倌脾氣，指導後輩，不遺餘力。人去了，偶然在午夜看到粵語長片播放《三娘教子》，看到四叔的老薛保，在《楊家將》裡看到四叔的六郎罪子，他的藝術風範，永遠留在我心中。

靚次伯先生與雛鳳

龍劍笙、梅雪詩口述　盧瑋鑾筆錄

龍劍笙（右）、梅雪詩接受訪問時攝

日期　二零零五年十二月二十七日

時間　下午四時

地點　香港四季酒店

問　請你們回憶一下初見四叔的印象。

梅　參加《白蛇新傳》演出時，我們只顧練功，一到後台就躲在衣箱附近化妝，見到四叔，也只當他前輩尊敬，不是很熟稔。

龍　後來多了接觸，應是演《英烈劍中劍》的時候，最初很緊張呀！靚次伯，大老倌！漸漸才發現他完全沒有大老倌架子，連長輩的架子也沒有，和藹可親，更禮義周周，事事都說「唔該」或勞煩你，臉上常帶笑容。

梅　「劍中劍」我沒參加，但記得每次見到他，他都笑容滿臉的。

問　四叔有沒有教你們？

龍　初出道，有任、白兩位師傅處處照顧着，我們又不會每事問，四叔不會作聲的。後來「雛鳳鳴」組班，演得多了熟絡了，有時會向他請教「仙鳳鳴」的戲某些介口怎樣做。

「雛鳳鳴」班底大概已經固定時，波叔、四叔多配合我們。演出時，每天散場，他的兒子玉樞哥會開車來接他，因我住得遠，他會先送我回家，他很疼我，常叫我阿女阿女，我本不敢高攀，但也不避嫌，稱他老竇。

梅　我很笨，許多人對我沒信心，只有一哥（陳錦棠）和四叔對我有信心，四叔常叫我不要怕，我和他演對手戲，例如擊掌、《胭脂巷口故人來》，他都教我，常對我說：「你可以的，慢慢來，用心演就成了，不要怕。」

次伯七八十年代全力扶助雛鳳鳴劇團

龍　我很少跟四叔演對手戲，《紫釵記》較多一點，他沒有特別教我什麼，但如果我問他，他一定教。有時我演完返回後台，我會問他：「今晚某段某段好像不太好，該怎樣演呢？」他就會很客觀地提意見，「也許這樣做會好些。」卻絕不會說一定要如何如何做。例如寫狀讀狀，我認為有些不妥，請教他，他就會說不如再想一下，如此這般做會好些。

問　他有沒有教你們古老排場？

龍　沒有教，但我會留心看他怎樣演，有許多架式例如升堂，我在旁邊看。

梅　我們演的戲沒有什麼古老排場，而且許多身段動作，他演來就是好看，在他身上就很美，別人演就只是程式而已。

龍　他有戲在身。

梅　他的唱功也很好，特別後來身體好了，聲音好了，更有味。

問　四叔中州官話很出名，他有教你們嗎？

龍　平時沒有教，要用才跟他學幾句。出台多講幾次，他沒作聲，就當講對了。想起來，我們真愚笨，沒有好好向他學習。

梅　我們真不懂啊！身邊許多寶貝都錯過了。

問　他對你們演技有沒有意見？

龍、梅　他最喜歡站在虎度門看我們演戲，「戲肉」一定會看，例如〈庵遇〉。演完入後台，問他我們演成怎樣，他總是和藹地笑笑，沒有說什麼。

問　你們對他的演技有什麼看法？

龍　他演不同角色，各有個性，明帝、清帝就完全不同，分得很清楚，太尉、胡塗縣官、反串女人，都不同。《販馬記》的縣官，說「卑職不敢」，好有趣。他出場、升堂的架式身段真好看。他的尺寸、時間掌握得很準，與鑼鼓配合得極佳。他身上有戲。

梅　他在台上行「水波浪」，行幾步都好好看。

龍　有他同台演出，我們便很安心。他會演戲又會把戲交給我們，讓我們掌握，接收到了，就帶起整段戲。是他帶我們入戲的，我們反應就會多很多，平日我們不會如此反應的，是他帶出我們的戲味。其他人未必可以帶戲給我們，因為我們「未夠班」。他又能搞笑，他和波叔好好玩，二人在台上接戲接得很好笑，不過，我們不懂他們玩什麼，唔會笑。

問　他坐車功架、全行出名，你們有什麼看法？

梅　我與他推車時，他年紀大了，腰骨已有問題，但他的力度很輕，不必我用旗竹托起他，他的腰腿功仍很穩，他會帶住我走，十分自然流暢。到後來，他的動作不多，但身段仍很好看，很輕。

龍　他做功很細膩。回頭、挑簾、偷窺、撚鬚等等手勢，很美。鬚功多樣化，很有味道。

問　你們對四叔的為人有什麼看法？

龍　他對人很和藹，很有專業精神。後期身體不大好，卻從不說出來。一出虎度門，我們根本不覺得他不舒服，這是我們要學習的。

梅　他有時本來很辛苦，但也從不作聲，不會演出前說辛苦，因為不想給我們壓力，怕我們擔心。

龍、梅　有他和波叔對我們的提攜，關懷備至，真是我們的福份。

前排左起為江雪鷺、呂雪茵、言雪芬，後排左起為蕭劍纓、朱劍丹、李居安、靚次伯、芳雪羽、蓋劍奎、龍劍笙、梅雪詩。

從一件「小」事看四叔

阮兆輝

阮兆輝（右）與靚次伯（左）同台演出

四叔，其實我應稱四公才對，因先師麥炳榮先生也曾跟過四叔搭班，我們行內的所謂「跟」，就等同半個徒弟，只差未有正式拜師而已。然而我對四叔素來都非常尊敬，卻並非基於上述的關係。首先是因為四叔非常和藹，因為我輩出道之時，見到行中叔父輩有如見老虎一樣，大多數都是一臉威嚴，尤其在台上常見疾言厲色對待後輩，但以四叔的名氣及輩份，卻從未見他發脾氣，就算在台上我們出了什麼岔子，他老人家也憑其經驗及功力，先把整齣戲演圓滿了，返回後台再作道理，極少在台口動怒。如此涵養，行中少出其右。四叔一向本着「前傳後教」的宗旨，對我輩後學的求教，從不敷衍了事，真正做到「知之為知之，不知為不知」，從不生安白造，也從不說得高深莫測，把你引入五里霧中。

在我無數次向四叔求教中，令我最難忘的是一次四叔已近退休時的演出，大概是在「雛鳳鳴」演神功戲，演完了封相，我心中浮出一問題，封相裡，六國王的口白中有「商議封贈」，其中「商」字的中州韻全行大多數都讀作近於白話的「腥」音，但我又聽過前輩說應讀作近於「生」音，於是便向四叔求教。當時他看了我一眼，臉上泛起了一陣我也形容不來的表情，包括驚訝疑惑，總之十分複雜，大概是從沒有人問過這問題，於是什麼都沒答。我看着不得要領，惟有先回自己的箱位繼續演戲。想不到演至將近散場，四叔忽然親勞貴步到我的箱位，那時我不單受寵若驚，簡直不知所措。原來他老人家思考了半晚，經過細心印證，才給我答覆：「細路，諗落係讀『生』至啱，《月下追賢》都有唱『韓將軍且慢走，某有話商量』，『商』字音就係咁樣讀嘅。」為一字之微，做了幾小時的功夫，能不令人敬佩，所以四叔不單在台上的演藝足為一代宗師，台下對後輩悉心傳授，對藝術上的嚴謹，一絲不苟的態度，更堪為後世的典範。

四叔對我的影響

廖國森

廖國森（站立者）與靚次伯（左）及尤聲普合照

作為觀眾，我從小就看四叔演戲，真正能親炙四叔，應由一九八二年我加入「雛鳳鳴」開始。

四叔是大老倌，但在平日一點架子也沒有，和藹可親。記得初入班，落鄉演神功戲，有一次，還未開鑼，四叔走到我們箱位跟一位前輩閒談，我不知何故在他們背後走過，被前輩罵我不懂規矩，四叔卻瞇着眼和顏悅色說：「唔好鬧，後生仔，冇意嘅。」這一說給我第一個深刻記憶。戲班在箱位開飯，輩份分得清楚，四叔就不分彼此，他常常會加私家餸，最喜好豆腐煮魚，「喂，阿女嚟食啦！」他叫阿嗲姑，有時也叫我們吃。他平等待後輩的態度，在戲行是少見的。

我在班中，是第三小生，跟四叔不同行檔，最初也無意要向他學藝，但我實在愛看四叔的台上風采。在利舞台、大專會堂，我都蹲在音樂欄內看他。在台上，他揮灑自如，那功力自然發揮，真迷倒了我。他年紀雖大，但論各種功架，後生絕對追不上。只有一個四叔，無人可代。

「雛鳳鳴」到美國演出時，嗲姑對我說，不妨試走武生一路。回港後，我便更留心看四叔的表演了。後來，四叔因腰痛，醫生要他休息半年，嗲姑叫我替，我說不敢。嗲姑說是四叔叫的，我只好親自去見四叔。四叔說：「你做喇。有不明白，可來問我。」我曾請求拜師，他說：「不必做徒弟，做朋友仲好啦！」

他喜歡到維多利亞公園散步，我常追隨問藝。特別是封相架式：如何上場，唸聖旨的輕重抑揚，腰腿如何上落用力，如何用趾力，他叫我買口鬚對鏡苦練，再示範給我看。

他對我教導之後，常說：「這只是我個人的做法，你也可用自己的做法，不必全依我教的，演戲最重要是以順為主。」他接受別人的演法，四叔此種廣濶胸襟，是十分難得的。

第四輯　創作年表

靚次伯演出粵劇劇目年表

陳澤蕾整理

凡例

一　年表以黎玉樞先生整理靚次伯演出記錄材料之表目為基礎。

二　年表只列出有材料的記錄（如報紙廣告、戲橋、演出特刊）的演出。

三　凡現知為海外演出，皆錄於備註。

四　凡演出年份、劇團名稱和劇目名稱難以確定者，皆以黎表為據，再於備註列出其他資料以作參考。

五 劇目名稱出現眾說紛紜的情況時，如黎表記新聲劇團於一九四七年演《狀元榜眼探花娘》，劇名與〈戰後香港粵劇發展回顧〉（區文鳳、葉玉燕，一九九三）所附之多位劇作家劇目表相同，而〈徐若呆創作劇目一覽表〉（何建青，年份不詳）則記劇名為《狀元綁眼探花郎》。但是，《華僑日報》連日廣告所載劇目卻是《狀元綁眼探花娘》。由於未能找到當年的戲橋和劇本，如以文意和連日報章廣告推測，應以《狀元綁眼探花娘》較為可信。

六 材料內容矛盾時，則以相關的文章和表目互相印證，而可信性較高的材料為昔日報章。無奈在有限的時間和人手不足的情況下，難以把數十年的報章逐一翻閱，故只能集中處理有疑問的資料。

七 戰前和戰時演出資料缺乏，難以確定劇目的演出年份。如勝壽年劇團與勝利年劇團的成立年份難以確定，只能把相關資料列於備註，以供參考。

八 據黎表，凡重演和重複出現的劇目均不再列出。上世紀四、五十年代出現大量新劇，所以劇目甚多。到了八十年代因經常重演經典劇目，所以劇目數量看似大減。

九 由於戲曲表演靈活度高，所以雖然是同一齣戲卻會因為對手不同、經驗有別而有不同的表演，而且劇名相同並不等如劇本相同。如新聲劇團的《紅樓夢》為徐若呆撰，仙鳳鳴劇團《紅樓夢》為唐滌生撰，雛鳳鳴劇團的《紅樓夢》則為葉紹德撰。而靚次伯在三個版本的《紅樓夢》中，飾演的人物也有不同——於「新聲」和「仙鳳鳴」飾演賈母，於「雛鳳鳴」則飾演賈政。有見及此，現盡量列出於搜集材料所載靚次伯曾經參演之劇目，除了同屆重演以外，其他重複出現的劇目均列入表中。無奈時間倉促，六十年代以後靚次伯曾經參演的劇目難以悉數補上，望讀者留意。

演出年份	劇團名稱	劇目名稱
一九二七年	頌太平	《伍員夜出昭關》[一]、《沙陀國借兵》
一九三零年	冠南華	《活命琵琶》、《姊妹花》
一九三一年	人壽年	《龍虎渡姜公》（一至九集）[二]、《龍虎渡姜公》（十至十九集）、《十美繞宣王》（一至二集）[三]、《孔明借東風》
	勝利年	《滕甲兵》

一九三二年	大集會	《狀元貪駙馬》
	勝利年	《南雄珠璣巷》
一九三三年	勝壽年	《怒吞十二城》、《虎將拜陳喬》
一九三六年	勝利年	《怒吞十二城》[4]
一九三七年	（缺）	《關公守華容》[5]
一九三八年	新生活	《瘋狂喚哥哥》、《弄假成真》、《妻》、《金絲蝴蝶》（上本）、《斷腸碑》、《瘋面女郎》、《兩代寃家》
一九三九年	勝利年	《倫文敍賣菜》、《翠樓雙怨婦》
一九四零年	勝壽年	《杜鵑花裡杜鵑啼》、《盆上種蓮寃屈藕》、《怕聽銷魂曲》、《金葉菊》、《楊戩大戰馬騮王》、《漢光武走南洋》、《李元霸》、《天罡傳》、《怒劫齊桓公》、《雙星護紫薇》、《伏韓滔》
一九四一年	錦添花	《殺人成孝子》、《草木皆兵》
	勝利年	《賊木緣》、《貞女染銀刀》、《懷胎十二年》（上、中、下卷）、《兒女眼前寃》、《慾河浸女》、《玉葵寶扇》、《盲公問米》、《萬里長情》、《慾海蓮花》、《巧盜玉鴛鴦》、《虎帳玉生香》、《虎嘯麒麟殿》、《乞兒入聖廟》、《安祿山》、《情韻動軍心》、《從戎續舊歡》、《道義長城》
一九四二年	大東亞	《神威震虎山》、《羅成寫書》（上、下集）、《漢宮環》、《郎歸晚矣》、《百勝風流將》、《白刃貫丹心》（一至四本大結局）、《南雄珠璣巷》
	大江山	《月殿求凰》、《蠻女戲癡官》、《海角紅樓》
	太平	《花蝴蝶》

一九四三年	共榮華	《樊梨花》、《虎將拜陳喬》、《薛平貴》、《懷胎十二年》、《霸王別姬》
	大東亞	《情央夜未央》（上、下集）、《落花時節》
	大江山	《十二美人頭》（上、下集）、《蜜餞胡椒》（上、下集）、《蘇小妹三難新郎》、《顛倒梁山伯》、《女媧鏡》（上、下集）、《重見未央宮》、《六國大封相》、《陳琳救主》、《夜劫蓮花陣》（上、下卷）、《蛋家妹告皇帝》、《海底尋夫骨》（上、下卷）、《虎將奪遼西》、《人盲天不盲》、《客途秋恨》、《妾侍仔中狀元》、《王寶釧》、《盲眼狀元》
	順利年	《蝦仔變龍王》、《無價春宵》、《花染狀元紅》、《大鬧廣昌隆》、《乞兒入聖殿》、《蝴蝶釵》（頭至四本）、《神聖女將軍》（上、下卷）、《石鬼仔》（上、下卷）、《三跪九叩寒江關》、《醉斬平西王》、《劈山救母》、《金絲蝴蝶》、《平地一聲雷》、《世界兒女》、《火燒阿房宮》（頭至七本）、《賣油郎》、《本地狀元》、《山東響馬》
	光華	《王寶釧》（上、中、下卷）、《燕歸人未歸》、《虹霓關》、《六月飛霜》（上、下卷）、《黃蕭養》（下集）、《從戎續舊歡》、《風流翁婿》（上、下卷）、《百戰歸來》（上、下卷）、《白蟒抗魔龍》（二集）、《宏碧緣》（四本、五本大結局）、《北河會妻》（全卷）、《大鬧翠屏山》（全卷）、《舉獅觀圖薛蛟斬狐》、《飛虎下揚州》（下集）
	新聲	《晨妻暮嫂》
一九四四年	大東亞	《大鬧黃花山》（全卷）
	新聲	《香閨福祿壽》、《晨妻暮嫂》（頭至四本）

一九四五年

新聲

《劉金定》、《張生挑盒》、《白蛇傳》、《王昭君》、《黑市姑爺》、《殺子奉君王》、《窮風流》、《紅樓夢》（上、下卷）、《穆桂英》、《苦命雙飛燕》、《十三妹大鬧能仁寺》、《再折長亭柳》、《戰場花燭夜》、《幸運乞兒》、《夢覺秦樓》、《脂染霸王唇》、《瘋狂父母心》、《春殘燕子歸》、《小孟嘗》、《金兀朮》、《木蘭從軍》、《梁紅玉》、《情網》、《虎嘯龍潭》

太上

《情僧是駙馬》、《海角龍樓》[6]、《七虎渡金灘》、《佳偶兵戎》、《殺妻酬愛子》、《武俠金錢鏢》、《賣肉養家姑》、《斬黃袍》、《冤枉檀郎》、《天國情鴛》、《銷魂賊大審糊塗官》、《包公大審陳世美》、《女參軍》、《火坑救母》、《六月飛霜》、《虎將食親兒》、《龍虎鬥春雷》、《辣手破情關》、《十萬童屍》、《玉面玄壇》、《羅成》（上、中卷）、《花街慈母》、《御劍抗金批》、《野龍》、《戰地美人威》、《拿高登》、《福祿壽全》

一九四六年

光華

《韓信怒斬虞姬》

新聲

《戰地美人威》、《天作之合》、《古井沖涼記》、《海角紅樓》（上、中、下本）、《慾育辱》、《風流娘子軍》、《恨》、《烽火雙雄》、《鬥氣姑爺》、《流水落花》、《芳魂月夜歸》、《小愛神》、《兒女傷母心》、《十載相思夢》、《俠盜救賊官》、《雷雨》、《粉粧樓》、《國際情人》、《父子三狀元》、《到處惹相思》、《瘋狂喚哥哥》、《銀燈照玉人》、《虎嘯龍潭》、《家》、《代代平安》、《天賜良緣》、《龍飛鳳舞》、《夜光杯》、《兩朵解語花》、《兩代冤家》、《郎歸晚》（上、下卷）、《春深太史家》（又名《春深太史第》）、《大家庭》（上、下卷）、《小姑媽》、《銷魂姊妹花》、《霸王別虞姬》、《翠樓雙怨婦》、《新乖孫》、《義膽忠肝》、《西廂記》、《失戀》、《相思虎》、《銷魂天使》、《銷魂

一九四七年

閨裡月》、《新藕斷絲連》、《楊貴妃》、《情海歸航》、《烏龜兩狀元》、《呷醋大王》、《夜明珠》、《鸞鳳和鳴》、《福祿壽全》、《心心相印》、《落花如夢》、《迷樓飲恨》、《嫁》、《司馬相如》、《喋血美人蛇》、《新郎不歸》、《紅樓密約》、《蠻劫漢宮花》、《蠻女戲狀元》、《歸家心似箭》、《回殃之夜》、《腸斷十一年》、《卅年苦命女》、《舊好新歡》、《情天血淚》、《風流罪》、《夜夜紅箋》、《不如歸》、《紅杏未出牆》、《初夜權》、《拗碎靈芝》、《小鳥依人》、《血染紫蘭台》、《莫揭流蘇帳》、《香衾情累》、《脂粉盜》、《苦命妻憐苦命郎》（上、下集）、《三司會審狀元妻》、《南雄珠璣巷》、《春殘燕子歸》、《夢覺秦樓》、《意中人結意中緣》

錦添花

《三盜九龍杯》、《楊宗保》、《梁天來》、《烈血灑崖門》、《銅網陣》、《五指挽河山》、《紅俠》、《艾虎鬥徐良》

新聲

《魔星鬥孽龍》、《桃紅運更紅》、《半日君王》、《願郎重吻妾朱唇》、《海角情鴛》、《苦命妻憐苦命郎》、《意中人結意中緣》、《三司會審狀元妻》、《花落誰家》、《父慈子孝母含冤》、《狂醉夜春宵》、《憐卿更自憐》、《愛》、《妻》、《三辱前妻》、《笑聲淚影》、《蘇后解紅羅》（頭至六本）、《狀元綁眼探花娘》、《倫文敘賣菜》（上、下卷）、《凱旋門》、《血染紫蘭台》、《婚後第三天》、《粉粧樓》（二集）、《狂夫殺戇妻》、《鳳還巢》、《芳魂月夜歸》、《金絲蝴蝶》（一至三本）、《虛鳳鬧秦樓》、《天國風雲》、《老豆要傻媳》、《好女兩頭瞞》、《鸞鳳和鳴》、《香甜寡婦淚》、《富貴家庭》、《雷雨》、《十載相思夢》、《到處惹相思》、《紅杏未出牆》、《紅樓夢》、《小愛神》、《十奏嚴嵩》、《瘋狂喚哥哥》、《弄假成真》、《斷腸碑》、《瘋面女郎》、《兩代冤家》、《翠樓雙怨婦》、《杜鵑花裡杜鵑啼》、《怕聽銷魂曲》、《金葉菊》、《香閨福祿壽》、《好市姑爺》、《飛來艷福》、《司馬相如》、《天作之合》、《郎心即妾心》、《魔宮尋故劍》、《卅年苦命女》、《明月為誰圓》、《鐵中玉》、《殘花戀玉郎》、《舊好新歡》、《腸斷十一年》、《難測婦人心》、《晨妻暮嫂》（上、下卷）、《情天血淚》、《風流罪》、《街頭月》、《再折長亭柳》、《細數郎輕薄》、《鸞國情花》、《新歌萬歲聲》、《花殘尚帶香》、《貴妃出獄》、《盆上種蓮冤屈藕》（上、下集大結局）、《香衾情累》、《夜宴船公》、《忠王李秀成》、《狂醉度春宵》、《迷宮三怪客》、《孝子亂公堂》、《塘中無水魚難養》、《郎歸晚》（上、下卷）、《對面相思》、《難分真假罪》、《癡情誤半生》

一九四八年

新聲

《紅顏未老恩先斷》、《十奏嚴嵩》、《花繞錦帆開》、《好女兩頭瞞》、《富貴家庭》、《戀愛違她命》、《朝廷兩餓兵》、《香甜寡婦淚》、《封神榜》、《妹何早嫁任郎悲》、《孟麗君罪大》、《自梳女》、《再折長亭柳》、《雙鳳擁蛟龍》

一九四九年

興中華

《偷祭貴妃墳》

新聲

《黛玉魂歸離恨天》（又名《紅樓圓夢》）、《杜鵑花裡杜鵑啼》、《夜弔秋喜》、《高君保私探營房》、《海棠淚》、《風流天子》（上、下集）、《七賢眷》、《故都春夢》、《重台別》、《紅梅雪後嬌》、《白楊紅淚》、《情淚浸袈裟》、《環珮空歸月夜魂》、《紅樓夢》（全本）、《香衾情累》、《夫妻渡客船》、《酒醉金迷》、《甜淚滴狼心》、《郎歸晚》（上、下卷）、《黑市姑爺》、《癡心贏得是淒涼》、《雙鳳擁蛟龍》、《龜山起禍》、《翡翠玉搔頭》、《香閨福祿壽》、《春風得意》、《桃紅運更紅》、《晨妻暮嫂》、《莫揭流蘇帳》、《小愛神》、《黛玉魂歸離恨天》、《陣陣美人威》、《一將功成萬骨

		枯》、《三合明珠寶劍》（上、下卷）、《風流天子》（上、下集）、《張生挑盒》
一九五零年	大鳳凰	《關公守華容》
	新聲	《合巹離魂》、《蕭月白》（上、中、下卷）、《夜雨瞞人》、《魂斷七絃琴》、《燕歸人未歸》、《英娥殺嫂》
一九五一年	大鳳凰	《碎琴樓畔碎琴碑》、《帝苑春心化杜鵑》、《十奏嚴嵩》、《真假孟麗君》、《飛上枝頭變鳳凰》
一九五二年	大富貴	《三司會審殺姑案》、《淒涼姊妹碑》、《洛陽橋畔姑蘇墳》、《新碧容探監》、《白金龍三戲賊王子》、《新龍虎渡姜公》、《鍾無艷三戲齊宣王》
	大鳳凰	《玉梅花下玉梅魂》、《七殺楊家將》、《仕林祭塔》、《黛玉葬花》、《百勝雄獅》、《元宵夜夜春》、《富貴花開鳳凰台》、《生包公夜審郭槐》、《春風得意伴芙蓉》、《火燒天齊寺》、《新碧容探監》
	金鳳屏	《夢斷香銷四十年》、《一點靈犀化彩虹》、《一樓風雪夜歸人》、《紅樓二尢》、《霍小玉》、《蓬門未識綺羅香》
	鴻運	《萬惡淫為首》（上、下集）、《百行孝為先》、《周瑜歸天》、《紅了櫻桃碎了心》、《還君昔日煙花淚》、《富士山之戀》、《大明英烈傳》、《燕子啣來燕子箋》、《英雄掌上野荼薇》
一九五三年	新龍鳳	《龍鳳燭前鶼鰈淚》、《秦宮生死恨》、《佛門紅淚》
	大好彩	《誤作長安脂粉奴》、《天降火麒麟》、《忽必烈大帝》、《情困深宮二十年》、《新馬仔拉車被辱》
	鴻運	《紅了櫻桃碎了心》
一九五四年	鴻運	《魂繞巫山十二重》、《錯把銀燈照玉郎》

一九五五年

新艷陽	《萬世流芳張玉喬》、《程大嫂》、《難續空門未了情》
普齊天	《新霸王別虞姬》、《劉金定歸天》、《王采薇望夫化石》、《十二金釵戲玉郎》
大鳳凰	《關公守華容》、《夜送京娘》、《穆桂英下山》、《楊六郎罪子》、《楊五郎救弟》、《黃飛鴻傳》、《薛平貴與王寶釧》、《百萬軍中藏阿斗》、《關雲長水淹七軍》
艷陽紅	《警淫刀碎燭花紅》、《傾國名花盛世才》、《海角孤臣血浪花》、《新梁山伯與祝英台》、《紅梅閣上夜歸人》、《征袍重染脂粉香》、《新馬仔拉車被辱》、《失街亭空城計斬馬謖》、《十八羅漢收大鵬》、《杜鵑叫落桃花月》、《風雪訪情僧》、《冷艷寒梅二度開》
（缺）	《劉金定斬四門》[7]
大光明	《善惡到頭終有報》
多寶	《初為人母》、《花都綺夢》、《李仙傳》、《海棠淚》、《陽春白雪兩增輝》、《胭脂巷口故人來》、《三年一哭二郎橋》、《一盞春燈照玉郎》、《春花到處惹相思》、《風箏誤》
大景象	《琵琶山上英雄血》、《真假劉金定》、《新樊梨花》、《羅成寫書》、《燕子重歸燕子樓》、《水淹七軍》、《三司會審殺姑案》、《洪熙官三探武當山》
天公	《真假劉金定》、《煞星降地球》、《生包公夜審陳世美》、《山東紥腳穆桂英》、《新魚腸劍》（上、下卷）、《海瑞十奏嚴嵩》、《林英娥紥腳大鬧獅子樓》、《趙飛燕掌上舞》、《怒碎淒涼姊妹碑》
麗春花	《冷艷寒梅二度開》、《碧海狂僧》、《杜鵑叫落桃花月》、《鳳閣燈前碎玉簫》、《從此蕭郎陌路人》、《情僧偷到瀟湘館》

一九五六年	新華聲	《三審玉堂春》、《菱花照妖袍》、《郎歸未晚妻歸晚》、《梁紅玉三戲韓世忠》
	鳳來儀	《刁蠻宮主伏楚霸》、《白蛇傳》、《俠盜奇花戲玉郎》
	仙鳳鳴	《牡丹亭驚夢》、《穿金寶扇》、《販馬記》、《唐伯虎點秋香》、《楊乃武與小白菜》
	麗士	《桃花女鬥法》
一九五七年	祁筱英	《寶馬神弓並蒂花》
	非凡響	《雷雨》
	平安	《嫦娥奔月記》、《黃飛虎反五關》
	仙鳳鳴	《跨鳳乘龍》、《英雄掌上野荼薇》、《花田八喜》、《帝女花》、《蝶影紅梨記》、《紫釵記》、《春花朵朵紅》
	清華	《華清水暖洗凝脂》
	燕子	《燈蕊殺黃巢》
	新乾坤	《怒吞十二城》、《吳三桂與陳圓圓》、《韓信血濺未央宮》
一九五八年	仙鳳鳴	《西樓錯夢》、《九天玄女》
	梨香苑	《美人計》、《新封神榜》、《前程萬里》
	牡丹紅	《花月東牆記》
	新艷陽	《醉打金枝戲玉郎》
	麗聲	《白兔會》、《百花亭贈劍》、《香囊記》、《雙仙拜月亭》

一九五九年	新利年	《丹青配》
	仙鳳鳴	《琵琶江山琵琶月》、《再世紅梅記》、《一盞銀燈照玉郎》、《金鳳迎春》、《梁祝恨史》、《琵琶記》
	高陞樂	《千面美人魚》、《妹仔王掛帥平西》
一九六零年	慶新聲	《花開錦繡帝皇家》、《花染狀元紅》、《花開蝶滿枝》
	新馬	《金釧龍鳳配》、《紅鸞喜》
	寶鼎	《王寶釧》、《梁祝恨史》
	鳳和鳴	《狂龍刁鳳喜和鳴》、《玉樓情劫》、《天倫鏡》、《情婦斬情夫》
	碧雲天	《紅鸞喜》、《多情孟麗君》、《守得雲開見月明》、《鴛鴦淚》、《崔子弒齊皇》
一九六一年	仙鳳鳴	《白蛇新傳》
	新馬	《三戲周瑜》、《李香君》、《啼笑姻緣》、《生死恨》、《鳳燭燒殘淚未乾》、《金釧龍鳳配》、《二郎橋》、《彩鸞燈》、《雄寡婦》
	新麗聲	《腸斷望夫魂》、《七月七日長生殿》
一九六二年	新馬	《花開富貴》、《雲台廿八將》、《臥薪嘗膽》、《斬狐遇妖》、《鴛鴦譜》、《春到人間大團結》、《賀壽大送子》
	大龍鳳	《鳳閣恩仇未了情》、《刁蠻元帥莽將軍》、《血掌殺姑案》
	慶紅佳	《英雄兒女保江山》、《一柱擎天》、《飛渡長城抱月還》
	慶新聲	《雷鳴金鼓戰笳聲》

	鳳求凰	《英雄碧血洗情仇》
一九六三年	五邑	《岳武穆班師》、《紮腳穆桂英》、《雙龍鬧殿鳳還巢》
	慶新聲	《無情寶劍有情天》、《眾仙同賀慶新春》、《薛平貴封王》
	非凡響	《鄭成功》、《去年今夜桃花夢》、《天齊寺會母》、《風雪訪情僧》
一九六四年	新馬	《三國群英會》
	慶新聲	《近水樓台先得月》、《花開錦繡帝皇家》、《花染狀元紅》、《雷鳴金鼓戰笳聲》、《無情寶劍有情天》、《火網梵宮十四年》、《漢武帝夢會衛夫人》
	慶紅佳	《南國佳人朝漢帝》
一九六五年	慶新聲	《龍飛鳳舞喜迎春》、《雙雄三奪鳳凰簫》
	慶紅佳	《除卻巫山不是雲》、《傾國傾城碧血花》、《春風吹渡玉門關》
	雛鳳鳴	《幻覺離恨天》
	覺新聲	《龍城飛將振聲威》、《曹子建七步成詩》、《乞米養孤兒》、《四字傳家一字書》
一九六六年	頌新聲	《情俠鬧璇宮》、《碧血寫春秋》、《胡不歸》、《三夕恩情廿載仇》、《火網梵宮十四年》、《花染狀元紅》、《大登殿》
	劍如虹	《寶劍重揮萬丈紅》、《桂枝告狀》
	新馬	《唐宮綺夢》
	巨紅天	《節婦何來豆蔻胎》、《紅鸞雪夜渡天山》

年份	劇團	劇目
一九六七年	慶紅佳	《火海情天並蒂花》、《傾國傾城碧血花》、《姑嫂奇緣傳佳話》
	頌新聲	《龍鳳爭掛帥》、《賀壽大送子》、《四字傳家一紙書》、《洛神》、《花開富貴鳳凰台》、《萬花錦繡賀新年》
	麗聲	《凱旋歌奏慶團圓》（即《隋宮十載菱花夢》）、《金戈鐵馬擾情關》、《李師師》
	大龍鳳 八	《蓋世雙雄霸楚城》、《莽漢氣將軍》、《一劍雙鞭碎海棠》、《雙雄爭奪艷嫦娥》、《合浦珠還萬家春》、《七彩寶蓮燈》、《十年一覺揚州夢》、《南國佳人朝漢帝》、《春風吹渡玉門關》、《寶劍重揮萬丈紅》、《雙龍丹鳳霸皇都》
一九六八年	新馬	《金龍飛彩鳳》、《宋江怒殺閻婆惜》、《荊軻傳》
	鳳求凰	《鳳凰裙下龍虎鬥》、《雙龍丹鳳霸皇都》、《金釵引鳳凰》、《隋宮十載菱花夢》、《十年一覺揚州夢》
	佳寶	《火海情天並蒂花》、《再世重溫金鳳緣》、《搶錯新娘換錯郎》、《林沖》、《龍城虎將振聲威》、《情俠鬧璇宮》、《龍鳳爭掛帥》、《梁祝恨史》、《人月兩團圓》、《桃李爭春》、《旗開得勝賀新年》
一九六九年	慶紅佳	《寶劍鋒芒平天下》
	家寶	《漢武帝夢會衛夫人》、《香銷十二美人樓》
	雛鳳鳴	《辭郎洲》
	偉擎天	《江山錦繡月團圓》、《箭上胭脂弓上粉》、《莽漢戲將軍》、《寶蓮燈》
一九七零年	家寶	《戎馬金戈萬里情》
一九七一年	家寶	《春風還我宋江山》

一九七二年	雛鳳鳴	《英烈劍中劍》
	頌新聲	《青鋒碧血鑄情仇》
一九七三年	英華年	《章台柳》
	新中華	《楊門女將》
	頌新聲	《蓮溪河畔蓮溪血》、《書劍青衫客》
	聲麗	《闖三關》
一九七六年	雛鳳鳴[9]	《英烈劍中劍》、《辭郎洲》、《牡丹亭驚夢》、《胭脂巷口故人來》、《白蛇傳》、《帝女花》、《獅吼記》、《紅了櫻桃碎了心》、《胡不歸》、《花田八錯》、《梁祝恨史》、《玉龍彩鳳》、《再世紅梅記》、《碧血寫春秋》、《紫釵記》、《販馬記》、《蝶影紅梨記》、《金鳳迎春》、《漢武帝夢會衛夫人》、《白兔記》、《雙仙拜月亭》、《洛神》、《楊門胭脂將》、《西廂記》、《六月雪》、《花田八喜》、《九天玄女》、《林沖》、《唐伯虎點秋香》
一九七七年	大群英[10]	《秋江戰火解情仇》、《南宋鴛鴦鏡》、《章台柳》、《八寶宮主》、《一樓風雪夜歸人》、《鐵漢雲英》、《柳毅傳書》、《活命金牌》、《情俠鬧璇宮》、《洛神》、《追魚》、《鐵馬銀婚》、《梁紅玉》、《信陵君救趙》、《艷陽長照牡丹紅》、《王寶釧》、《雷鳴金鼓戰笳聲》、《新三笑姻緣》、《烽火擎天柱》、《香銷十二美人樓》、《蟠龍令》、《梁山伯與祝英台》、《一枝紅艷露凝香》、《龍鳳爭掛帥》、《百花亭贈劍》、《還君明珠雙淚垂》、《香閨福祿壽》、《金釧龍鳳配》、《寶蓮燈》、《漢武帝夢會衛夫人》

一九七八年	五王	《啼笑姻緣》（香港藝術節演出）
	新金馬	《周瑜歸天》
	雛鳳鳴	《驊騮配》、《洛水神仙》
	香港藝術粵劇團	《綵樓配》、《林沖雪夜上梁山》
一九七九年	雛鳳鳴	《獅吼記》、《百花亭贈劍》
一九八一年	雛鳳鳴	《珍珠塔》、《三笑姻緣》、《柳毅傳書》、《花開錦繡賀元宵》
一九八二年	雛鳳鳴	《金枝玉葉》
一九八三年	雛鳳鳴	《李後主》、《俏潘安》
一九八八年	雛鳳鳴	《游龍戲鳳》
一九八九年	雛鳳鳴	《重續金陵未了緣》

註釋

一　靚次伯參與「頌太平」之前，曾參與「祝華年」的演出。
二　據《粵劇春秋》，應為一九二八年。《伶倌列傳》則記此劇為靚次伯二十歲時的作品。若按其出生年份推算，應為一九二五年。
三　據《粵劇春秋》，應為一九三二年。
四　據《中國戲曲志・粵劇卷》，此劇應為勝壽年一九三三年的作品，當年著名劇目還有《粉碎姑蘇台》和《難為相思貓》，但未知靚次伯有否參演。
五　廣東省文化運動粵劇宣傳團，靚次伯客串。
六　疑為「紅樓」之誤。
七　《劉金定斬四門》在伶星慈善遊藝大會中演出。
八　「大龍鳳」於一九六七年移師新加坡演出。
九　「雛鳳鳴」於一九七六年移師新加坡演出。
十　「大群英」於一九七七年移師新加坡演出。

參考資料

區文鳳、葉玉燕，〈戰後香港粵劇發展回顧〉，載《香港八和會館四十週年紀念專刊》（香港：八和會館，一九九三）。
陳倉穀，《伶倌列傳》（上、下集）（香港：馬錦記書局，約一九五六）。
岳清，《烽火梨園：一九三八—一九四九年香港粵劇》（香港：一點文化有限公司，二零零五）。
王文全、梁威，《粵劇春秋》（廣州：廣東人民出版社，一九九零）。

許永順，《新加坡粵劇歷史篇（一九六五—一九八三年）》（新加坡：許永順工作廳出版，二零零六）。

許永順，《新加坡音樂、舞蹈、戲劇（一九六六／一九六七年）》（新加坡：許永順工作廳出版，二零零六）。

《中國戲曲志．廣東卷》編輯委員會，《中國戲曲志．廣東卷》（香港：交流出版社，一九八七）。

《林家聲藝術人生》（香港：周振基，二零零零）。

何建青主編，〈徐若呆創作劇目一覽表（一九三二—一九五二年）〉，載《徐若呆紀念特刊》（出版資料不詳），頁三十三—三十六。

馮梓，《芳艷芬傳及其戲曲藝術》（香港：獲益出版事業有限公司，一九九八）。

《華僑日報》（一九四六、一九四七、一九五五、一九五六）

《工商日報》（一九四七—一九四九）

《星島晚報》（一九四七、一九四九）

香港戲橋（一九四六—一九四七）

新加坡戲橋（一九六七、一九七六、一九七七）

家聲天地：http://www.lamkarsing.hk/opera.htm#six （二零零六年五月二十三日）

逸林（林家聲舞台藝術粵劇年表）http://www.lamkarsingfanclub.com/opera.htm （二零零六年五月二十三日）

靚次伯演出電影片目年表

唐嘉慧整理

凡例

一　本片目參考自香港電影資料館出版之《香港影片大全》第一至第五卷，以及該館之網上目錄整理而成。

二　片目中的演出者名單乃刪節本，並經校訂。

二　除《萬里尋夫》（一九四零年一月八日首映）、《萬里尋親記》（一九六一年七月十二日首映）及《孝女珠珠》（一九六六年十二月二十日首映）外，其餘皆為古裝粵語戲曲或古裝粵語歌唱片。所謂「戲曲片」是指有鑼鼓等戲曲成份的電影，而「歌唱片」則是

196 沒有鑼鼓的。

197 片目中有關「編劇」及「撰曲」的定義為：編劇，指構想故事者；撰曲（或打曲）者，則負責選採及編排曲牌（包括梆黃、小曲和南音、木魚等）、鑼鼓、填詞及撰寫對白，而非創作新的旋律。在粵語片中，創作新旋律者一般稱為「製譜」。若職員表出現「編撰」一職，即指撰曲者身兼編劇工作。

上映日期	片名	出品	導演	編劇	撰曲	主演
一九四零年・一月八日	《萬里尋夫》	自由公司	占美・威廉	任護花	／	靚少佳、靚次伯、何芙蓮、梁碧霞
一九五一年・九月二十七日	《帝苑春心化杜鵑》	大鳳凰影片公司	馮志剛	馮志剛	／	薛覺先、余麗珍、馬師曾、靚次伯、任劍輝、白玉堂
一九五二年・三月二十一日	《十奏嚴嵩》	南成影業公司	馮志剛	馮志剛	／	馬師曾、薛覺先、余麗珍、小燕飛、靚次伯、周坤玲、白玉堂

《包公三審血掌印》劇照

一九五二年・四月八日	《生包公夜審奸郭槐》	泰山影片公司	楊工良、馮志剛、畢虎、尹海清、洪仲豪	楊工良、馮志剛、畢虎、尹海清、洪仲豪	／	靚次伯、羅家權、羅艷卿、石燕子、羽佳、陳艷儂
一九五七年・二月二十八日	《合珠記》	新聯影業公司	羅志雄	羅志雄	盧家熾	張活游、梅綺、金翎、半日安、梁淑卿、劉克宣、少新權、靚次伯
一九五七年・四月二十五日	《包公奇案灰闌計》	新聯影業公司	羅志雄	羅志雄	羅寶生、羅志雄	紫羅蓮、靚次伯、麥炳榮、譚蘭卿、半日安、何驚凡、劉克宣、李學優
一九五七年・八月十五日	《包公三審血掌印》	新聯影業公司	羅志雄	羅志雄	盧家熾	張活游、梅綺、靚次伯、許英秀、劉克宣、何驚凡、李學優
一九五八年・一月三十日	《黃飛虎反五關》（續集）	寶華影業公司	馮志剛	／	胡文森	關德興、鄧碧雲、靚次伯、半日安、許英秀、林家聲、劉克宣
一九五八年・四月十一日	《一夜九更天》	雲峰影業公司	楊工良	／	吳一嘯	新馬師曾、羅艷卿、林丹、陸飛鴻、少新權、劉克宣、靚次伯
一九五八年・五月十四日	《韓湘子雪夜過情關》	天華影業公司	關文清	／	羅寶生	何非凡、鄧碧雲、黃金愛、靚次伯、歐陽儉、馬笑英
一九五八年・六月十一日	《荊釵記》	光華影業公司	李晨風	李晨風	／	紫羅蓮、張活游、靚次伯、黃楚山、許英秀、馮峰、白龍珠
一九五八年・六月十九日	《春風帶得歸來燕》	新光影片公司	黃鶴聲（黃金印）	黃鶴聲（黃金印）	李願聞	任劍輝、白露明、羅劍郎、李海泉、靚次伯、馬笑英、任冰兒、少新權
一九五八年・七月三十一日	《鯉魚精》	新光影片公司	黃鶴聲（黃金印）	黃鶴聲（黃金印）	李願聞	任劍輝、吳君麗、李海泉、靚次伯、許英秀、張生

一九五八年·八月八日	《新肉山藏妲己》	玉聯影業公司	馮峰	楊捷	羅寶生	秦小梨、羅家權、羅劍郎、林家聲、任冰兒、靚次伯、少新權
一九五八年·八月二十日	《梁祝恨史》	植利影業公司	李鐵	李鐵	吳一嘯	芳艷芬、任劍輝、靚次伯、陳好逑、飄慧梅、周海棠、黃楚山
一九五八年·九月二十五日	《妻賢子孝母含冤》	大成影片公司	黃鶴聲（黃金印）	黃鶴聲（黃金印）	李願聞 潘焯	任劍輝、吳君麗、麥炳榮、靚次伯、梁碧玉、白龍珠、英麗梨
一九五八年·十月一日	《三娘教子》	立達影業公司	珠璣	李願聞	李願聞	芳艷芬、黃千歲、鳳凰女、靚次伯、林家聲、陳皮梅
一九五八年·十月十五日	《清官斬節婦》	大興行影片公司	周詩祿	柳長青（陳雲）	吳一嘯	芳艷芬、羅劍郎、鳳凰女、劉克宣、馬笑英、靚次伯
一九五八年·十月十五日	《貍貓換太子》	東方影片公司	黃岱	黃岱	李願聞 潘焯	任劍輝、吳君麗、鳳凰女、靚次伯、劉克宣、林家聲、任冰兒
一九五八年·十月三十日	《火葬生妲己》	玉聯影業公司	馮峰	楊捷	羅寶生	羅劍郎、秦小梨、羅家權、林家聲、靚次伯、譚倩紅、少新權
一九五八年·十一月五日	《秦香蓮》	金城影業公司	莫康時	莫康時	靳夢萍	芳艷芬、陳錦棠、半日安、靚次伯、譚倩紅、梁寶珠、陳寶珠
一九五九年·一月七日	《生死連枝》（上集）	信誼影業公司	珠璣	／	李願聞	鄧碧雲、羅劍郎、梁醒波、鳳凰女、林蛟、王愛明、靚次伯
一九五九年·二月十八日	《紫釵記》	寶鷹影業公司	李鐵	唐滌生	唐滌生	白雪仙、任劍輝、梁醒波、蘇少棠、靚次伯、任冰兒、陳皮梅

一九五九年・二月二十五日	《山東紮腳穆桂英》（上集，又名《七彩楊宗保》、《紮腳穆桂英》）	麗光影業公司	黃鶴聲（黃金印）	李少芸	李少芸	余麗珍、任劍輝、梁醒波、譚蘭卿、半日安、靚次伯、張醒非、陳皮梅
一九五九年・三月十二日	《山東紮腳穆桂英》（下集）	麗士影業公司	黃鶴聲（黃金印）	李少芸	李少芸	任劍輝、余麗珍、梁醒波、半日安、譚蘭卿、靚次伯、陳皮梅、譚倩紅
一九五九年・五月六日	《聞天香三戲聞太師》（又名《七彩胭脂將》）	寶華影業公司	馮志剛	／	胡文森	鄧碧雲、關德興、靚次伯、林家聲、譚倩紅、許英秀、劉克宣
一九五九年・六月三十日	《帝女花》	大成影片公司	龍圖（實為左几）	左几	唐滌生	任劍輝、白雪仙、靚次伯、歐陽儉、陳好逑、英麗梨、陸飛鴻、蕭仲坤
一九五九年・七月三十日	《一枝紅艷露凝香》	大成影片公司	左几	左几	／	芳艷芬、任劍輝、麥炳榮、鳳凰女、任冰兒、陳好逑、靚次伯
一九五九年・九月十六日	《蝶影紅梨記》	寶鷹影業公司	李鐵	唐滌生	唐滌生	任劍輝、白雪仙、靚次伯、梁醒波、陸飛鴻、梁素琴、張醒非
一九五九年・九月二十四日	《包公夜審行屍》	七喜電影企業公司	莫康時、李壽祺	陸沖	胡文森	羅劍郎、林丹、鳳凰女、林家聲、歐陽儉、靚次伯、蕭仲坤
一九五九年・十月二十一日	《燕子啣來燕子箋》	信誼影業公司	珠璣	／	李願聞、龐秋華	鄧碧雲、鳳凰女、羅劍郎、靚次伯、陳錦棠、半日安、林家聲、譚倩紅
一九五九年・十月二十八日	《淒涼媳婦》	桃源電影企業公司	蔣偉光	蔣偉光	潘一帆	任劍輝、白雪仙、靚次伯、李香琴、李海泉、張醒非

一九五九年．十一月五日	《杜鵑啼血點點紅》	美亞影片公司	黃岱	／	李願聞	羅劍郎、吳君麗、半日安、靚次伯、張醒非、陳翠屏、梁玉崑
一九五九年．十一月八日	《平步青雲》（上集）	立達影業公司	珠璣	李願聞	潘焯、龐秋華	任劍輝、羅艷卿、半日安、任冰兒、靚次伯、鄭君綿、陳錦棠
一九五九年．十二月九日	《雙槍陸文龍》	立達影片公司	珠璣	李願聞	龐秋華	祁筱英、陳錦棠、鄭碧影、靚次伯、半日安、少新權、蘇少棠
一九五九年．十二月十五日	《戰國佳人》	七喜影業公司	楊工良	陸沖	吳一嘯	何非凡、林丹、梁醒波、麥炳榮、靚次伯、歐陽儉、白龍珠、張生
一九五九年．十二月十六日	《沉香扇》	玉聯影業公司	蔣偉光	楊捷	潘焯	鄧碧雲、羅劍郎、陳好逑、林家聲、靚次伯、少新權、馬笑英、李香琴
一九六零年．一月十三日	《佛前花送狀元歸》	四興影業公司	馮志剛	馮志剛	潘焯	任劍輝、羅艷卿、林家聲、靚次伯、歐陽儉、任冰兒、梁淑卿
一九六零年．二月十日	《西施》	海洋影片公司	珠璣	珠璣、楊捷	李願聞、龐秋華、林春壽	任劍輝、白雪仙、梁醒波、靚次伯、陳錦棠、譚倩紅、任冰兒
一九六零年．三月九日	《藍袍惹桂香》	信誼影業公司	珠璣	李願聞	龐秋華、林春壽	羅劍郎、鄧碧雲、鳳凰女、半日安、靚次伯、陳皮梅、黃鶴聲、李香琴
一九六零年．三月九日	《附薦何文秀》	新光影片公司	黃岱	黃岱	李願聞	任劍輝、吳君麗、麥炳榮、靚次伯、麥先聲、任冰兒、少新權
一九六零年．三月十六日	《美人計》	瑞雲影片公司	珠璣	盧雨岐	潘焯	新馬師曾、鄧碧雲、陳錦棠、歐陽儉、李香琴、蘇少棠、半日安、靚次伯、鄭碧影

一九六零年・三月十六日	《三屍四命五重冤》	金城影業公司	黃鶴聲	梁文輝	羅寶生	羅劍郎、羅艷卿、靚次伯、蘇少棠、半日安、李香琴
一九六零年・四月七日	《妻嬌郎更嬌》	雷達電影企業公司	劉克宣	唐滌生	唐滌生	任劍輝、白雪仙、歐陽儉、靚次伯、任冰兒、朱少坡
一九六零年・四月十日	《芸娘》	立達影業公司	珠璣	盧雨岐	唐滌生	任劍輝、白雪仙、半日安、靚次伯、蘇少棠、任冰兒、蕭芳芳、馮寶寶
一九六零年・四月十三日	《教子逆君皇》	大成影片公司	羅志雄	羅志雄	盧家熾	任劍輝、吳君麗、譚蘭卿、半日安、靚次伯、陳寶珠、任冰兒、麥先聲
一九六零年・四月二十日	《苦命女雪夜尋夫》	巴麗影業公司	珠璣	溫詩啟	羅寶生	羅劍郎、鄧碧雲、鳳凰女、靚次伯、蘇少棠、少新權
一九六零年・五月十三日	《貞娥刺虎》	新光影片公司	黃岱	盧雨岐	李願聞	吳君麗、羅劍郎、麥炳榮、靚次伯、陳好逑
一九六零年・五月二十五日	《西河會妻》	桃源電影企業公司	龍圖	龍圖	李願聞、龐秋華	任劍輝、羅艷卿、任冰兒、陳錦棠、靚次伯、李香琴、白龍珠
一九六零年・八月三十日	《娘子軍封王》	協力影業公司	胡鵬	陳劍峰	吳一嘯	林蛟、陳錦棠、李香琴、陳寶珠、譚蘭卿、靚次伯、林丹
一九六零年・九月九日	《可憐駙馬可憐妻》	美亞影片公司	黃岱	／	李願聞	任劍輝、吳君麗、靚次伯、任冰兒、麥先聲、陳皮梅、張醒非
一九六零年・九月二十一日	《梨花一枝春帶雨》	玉聯影業公司	珠璣	楊捷	潘焯	任劍輝、羅艷卿、靚次伯、任冰兒、黃鶴聲、陳皮梅、朱天惠
一九六零年・九月二十九日	《腸斷江南燕子歸》	大成影片公司	珠璣	珠璣、李願聞	李願聞	鄧碧雲、羅劍郎、李香琴、歐陽儉、靚次伯、張生、張醒非、程麗

一九六零年・十月五日	《李仙傳》	飛鷹影片公司	珠璣	／	胡文森	任劍輝、羅艷卿、靚次伯、陸飛鴻、半日安、任冰兒
一九六零年・十一月二日	《金鏢黃天霸》	寶寶影業公司	凌雲、陳焯生	／	／	羅劍郎、鄧碧雲、半日安、靚次伯、陳寶珠、陳好逑、少新權
一九六零年・十一月六日	《金鏢黃天霸》（下集）	寶寶影業公司	凌雲、陳焯生	／	／	羅劍郎、鄧碧雲、半日安、靚次伯、陳寶珠、陳好逑、少新權
一九六零年・十一月十日	《鳳笛雲歌》（上集）	興盛影片公司	黃岱	李願聞	李願聞	任劍輝、吳君麗、譚蘭卿、靚次伯、任冰兒、薛家燕、梁俊密
一九六零年・十一月十七日	《鳳笛雲歌》（下集）	興盛影片公司	黃岱	李願聞	李願聞	任劍輝、吳君麗、林家聲、譚蘭卿、靚次伯、任冰兒、薛家燕、梁俊密
一九六零年・十二月七日	《猛鬼孤兒》	甜心影業公司	龍圖	雷夢非	李願聞 龐秋華	羅艷卿、麥炳榮、陳錦棠、馮寶寶、靚次伯、馬笑英
一九六零年・十二月九日	《龍虎關前烈女魂》	大成影片公司	珠璣	李願聞	／	吳君麗、羅劍郎、靚次伯、林家聲、任冰兒、張生
一九六零年・十二月十四日	《孝感動天》（上集）	海洋影片公司	珠璣	楊捷	胡文森 龐秋華	任劍輝、羅艷卿、蕭芳芳、歐陽儉、譚倩紅、靚次伯
一九六零年・十二月二十一日	《孝感動天》（下集大結局）	海洋影片公司	珠璣	楊捷	胡文森 龐秋華	任劍輝、羅艷卿、蕭芳芳、歐陽儉、譚倩紅、靚次伯
一九六一年・一月四日	《彩菱艷》	玉聯影業公司	龍圖	楊捷	潘焯	任劍輝、羅艷卿、靚次伯、李香琴、任冰兒、鄭君綿、檸檬、馮寶寶
一九六一年・二月二十日	《天賜福星》	勵生影業公司	楊工良	楊工良	胡文森	麥炳榮、鳳凰女、陳好逑、李香琴、靚次伯、馮寶寶、李海泉

一九六一年・三月十六日	《一張白紙告親夫》	美亞影片公司	珠璣	／	李願聞	任劍輝、吳君麗、靚次伯、歐陽儉、何驚凡、任冰兒、陶三姑
一九六一年・四月十二日	《鬼仔報親仇》	龍鳳影片公司	珠璣	文采	／	鳳凰女、麥炳榮、馮寶寶、譚蘭卿、靚次伯、鄭君綿、蕭仲坤
一九六一年・四月二十六日	《夜光杯》	桃源電影企業公司	龍圖	龍圖	李願聞、龐秋華	羅艷卿、馮寶寶、麥炳榮、半日安、靚次伯、李香琴、歐陽儉
一九六一年・四月二十六日	《夜雨秋燈》	中興電影企業公司	馮志剛	蘇翁	潘焯	鄧碧雲、羅劍郎、梁醒波、李香琴、靚次伯、蕭仲坤、張生
一九六一年・五月三日	《夜光杯》（大結局）	桃源電影企業公司	龍圖	龍圖	李願聞、龐秋華	羅艷卿、麥炳榮、馮寶寶、李香琴、半日安、歐陽儉、靚次伯
一九六一年・五月十七日	《金蘭花》（上集）	明新影片公司	珠璣	程剛、羅馬	胡文森	任劍輝、羅艷卿、靚次伯、譚倩紅、石燕子、陸飛鴻、任冰兒
一九六一年・七月十二日	《萬里尋親記》	立達影業公司	珠璣	羅馬	／	胡蝶、歐陽莎菲、蕭芳芳、姜大衛、半日安、靚次伯、劉克宣
一九六一年・七月十三日	《英雄肝膽美人心》	天德影業公司	黃鶴聲	陸雲峰	／	新馬師曾、陳好逑、陳錦棠、靚次伯、林丹
一九六一年・七月十九日	《冰山逢怨侶》	邵氏兄弟（香港）有限公司	蔣偉光	蔣偉光	潘焯	林鳳、林家聲、陳寶珠、李香琴、鄭君綿、半日安、靚次伯
一九六一年・八月二日	《一文錢》	新聯影片公司	羅志雄	／	／	鳳凰女、半日安、譚蘭卿、歐陽儉、靚次伯、許英秀、朱少坡、袁立祥
一九六一年・八月十七日	《小俠白金龍》	天龍影業公司	馮峰	李天龍	／	馮寶寶、鳳凰女、林家聲、靚次伯、半日安、陳寶珠、劉克宣

一九六一年・八月二十三日	《金鳳斬蛟龍》（又名《彩鳳殺夫郎》）	麗士影業公司	黃鶴聲	李少芸	／	任劍輝、余麗珍、梁醒波、半日安、靚次伯、少新權
一九六一年・十一月二日	《白門樓斬呂布》	大成影片公司	王風	／	／	吳君麗、于素秋、梁醒波、靚次伯、劉克宣、張生、薛家燕
一九六一年・十一月五日	《星月爭輝》	聯合影業公司	梁峰	／	／	任劍輝、紅線女、白雪仙、芳艷芬、新馬師曾、何非凡、鄧碧雲、余麗珍、林家聲、靚次伯
一九六一年・十一月八日	《百鳥朝凰》	大成影片公司	珠璣	李天龍	李願聞	任劍輝、吳君麗、半日安、陳錦棠、靚次伯、任冰兒
一九六一年・十一月二十九日	《紮腳小紅娘》	寶峰影業公司	馮峰	龐秋華、田金	李願聞、龐秋華	馮寶寶、馮素波、潘有聲、靚次伯、袁步雲、小甘羅
一九六一年・十一月二十九日	《神燈換太子》（又名《神燈俠侶》）	天龍影業公司	黃鶴聲	李天龍	梁山人	林家聲、劉克宣、林鳳、靚次伯、許英秀、鄭幗寶、王超峰、張醒非
一九六一年・十二月十三日	《楊門女將告御狀》（又名《楊令婆掛帥摘印智斬潘仁美》）	立達影業公司	珠璣	李願聞	龐秋華	于素秋、麥炳榮、陳錦棠、靚次伯、半日安、唐若青、李香琴、陸飛鴻
一九六一年・十二月二十日	《無敵楊家將》	信誼影業公司	黃鶴聲	／	李願聞	于素秋、林家聲、靚次伯、半日安、陳好逑、李香琴、劉克宣、少新權
一九六一年・十二月二十八日	《小狀元》	寶峰影業公司	馮峰	江游	李願聞、龐秋華	鳳凰女、馮寶寶、馮素波、李香琴、白玉堂、靚次伯、半日安
一九六二年・一月十一日	《虎將爭妻》	寶寶影業公司	陳皮、李壽祺	李壽祺	羅寶生	任劍輝、鄧碧雲、任冰兒、靚次伯、陳燕棠、許英秀

一九六二年·一月十七日	《旱天雷》	七喜影業公司	馮志剛	黃景雲	潘焯	羅艷卿、麥炳榮、林家聲、譚蘭卿、靚次伯、李香琴、張醒非
一九六二年·二月四日	《怪俠粉菊花》	大成影片公司	珠璣	／	／	吳君麗、林家聲、靚次伯、蕭仲坤、何驚凡、蕭芳芳
一九六二年·三月十五日	《金鐧怒碎銀安殿》	麗士影業公司	黃鶴聲	李少芸	梁山人	任劍輝、余麗珍、靚次伯、李香琴、許英秀、檸檬
一九六二年·三月二十八日	《女駙馬金殿鳴冤》	泰山影業公司	李鐵	李願聞	龐秋華	羅艷卿、蘇少棠、梁素琴、陳好逑、靚次伯、半日安
一九六二年·四月十一日	《一笑傾城》	玉聯影業公司	黃鶴聲	羅臻	潘焯	林鳳、林家聲、半日安、靚次伯、陳好逑、陳寶珠、劉克宣、鄭君綿、白龍珠
一九六二年·四月十九日	《秦漢三盜攝魂鈴》	大成影片公司	龍圖	／	李願聞 龐秋華	任劍輝、吳君麗、歐陽儉、靚次伯、任冰兒、尤光照、張醒非、陳皮梅
一九六二年·五月二日	《羅成叫關》	麗士影業公司	珠璣	李少芸	梁山人	任劍輝、余麗珍、靚次伯、李香琴、張醒非、陸驚鴻（司馬祿郎）、麥先聲
一九六二年·五月三日	《碧玉簪》	龍鳳影片公司	周詩祿	金馬	吳一嘯	何非凡、李寶瑩、黃金愛、靚次伯、鄭君綿、陳皮梅
一九六二年·五月三十日	《哪吒出世》	麗士影業公司	黃鶴聲	李少芸	梁山人	余麗珍、林家聲、靚次伯、李香琴、少新權、劉郎、尹靈光
一九六二年·六月六日	《蘭貞鬧嚴府》	大成影片公司	羅志雄	羅志雄	羅志雄	任劍輝、吳君麗、半日安、靚次伯、任冰兒、劉克宣、梁翠芬
一九六二年·六月二十日	《龍虎風雲萬里紅》	新艷紅影業公司	珠璣	潘焯	／	麥炳榮、譚倩紅、蘇少棠、梁醒波、李香琴、陳寶珠、靚次伯、何驚凡、少新權

一九六二年·七月四日	《火龍怒吞雙虎將》	權華影業公司	馮志剛	馮志剛	潘焯	李鳳聲、于素秋、陳好逑、靚次伯、陳寶珠、關海山、許英秀、少新權
一九六二年·七月十一日	《黛玉葬花》	鳳鳴電影企業公司	黃鶴聲	潘焯	／	林家聲、冼劍麗、陳好逑、李香琴、靚次伯、陳皮梅、區鳳鳴
一九六二年·七月十一日	《哪吒劈天救母》	麗士影業公司	黃鶴聲	李少芸	梁山人	余麗珍、林家聲、靚次伯、李香琴、賽非林、劉家良、尹靈光
一九六二年·七月十八日	《大明群英會》（又名《江湖風雲》、《劉伯溫燒餅歌》）	百勝影業公司	楊江	葉紹德、楊江	李願聞、龐秋華	羅艷卿、蘇少棠、靚次伯、陳錦棠、譚倩紅、梅欣、張生、檸檬
一九六二年·七月十八日	《銀合太子乞食告御狀》	麗士影業公司、復興影業公司	珠璣	李少芸	梁山人	任劍輝、余麗珍、李香琴、陳寶珠、張醒非、半日安、靚次伯、任冰兒
一九六二年·七月二十六日	《飛天寶扇門神燈》（又名《狀元大鬧梅知府》）	天龍影業公司	珠璣	／	／	林家聲、冼劍麗、譚蘭卿、靚次伯、半日安、朱少坡、陳翠屏
一九六二年·八月八日	《薛門七女將》（又名《胭脂虎》）	麗士影業公司	黃鶴聲	李少芸	孫嘯鳴	余麗珍、林家聲、靚次伯、李香琴、梁素琴、許卿卿、任冰兒
一九六二年·八月十九日	《斬柴仔封王》—	立達影業公司	珠璣	／	潘焯、龐秋華	任劍輝、羅艷卿、陳錦棠、半日安、任冰兒、林蛟、靚次伯
一九六二年·八月二十二日	《哪吒三門紅孩兒》	麗士影業公司	黃鶴聲	李少芸	梁山人	余麗珍、林家聲、靚次伯、李香琴、尹靈光

一九六二年．九月七日	《百行孝為先》二	海洋影片公司	珠璣	／	／	任劍輝、羅艷卿、蕭芳芳、馮寶寶、朱天惠、任冰兒、林家聲、靚次伯
一九六二年．九月十二日	《一曲琵琶動漢皇》	九龍影業公司	馮志剛	馮志剛	潘焯	林家聲、南紅、劉克宣、靚次伯、李香琴、半日安
一九六二年．九月二十七日	《岳飛出世》	寶寶影業公司	胡鵬	柳生	／	鄧碧雲、朱元龍、羽佳、鄭碧影、靚次伯、石燕子、張生
一九六二年．十月十七日	《紅梅仙借屍還魂記》	立達影業公司	楊江	／	／	何非凡、羅艷卿、梁無相、靚次伯、關海山、劉克宣、梅欣、陳皮梅
一九六二年．十月十八日	《石鬼仔出世》	天龍影業公司	黃鶴聲	／	羅寶生、梁山人	林家聲、鳳凰女、靚次伯、石燕子、金影憐、楊震聲
一九六二年．十一月十四日	《打死不離親兄弟》	榮生影業公司	珠璣	李願聞	龐秋華	麥炳榮、鳳凰女、陳好逑、半日安、麥先聲、靚次伯、梁翠芬
一九六二年．十一月二十一日	《火海勝字旗》	華城影業公司	黃鶴聲	盧迅、黃鶴聲	李滌生	麥炳榮、鳳凰女、黃千歲、陳好逑、靚次伯、半日安、白龍珠
一九六二年．十二月五日	《歌唱仕林祭塔》	興發影業公司	陳皮	黃堯、盧丹	柳生、盧滿金	新馬師曾、冼劍麗、任冰兒、靚次伯、譚定坤
一九六二年．十二月十一日	《春滿帝皇家》	建成影片公司	馮志剛、黃鶴聲、珠璣、陳皮、馮峰、李願聞、李壽祺	馮志剛、黃鶴聲、珠璣、陳皮、馮峰、李願聞、李壽祺	潘焯、龐秋華、羅寶生、林春壽	任劍輝、任冰兒、麥炳榮、羅艷卿、李香琴、馬笑英、張生、靚次伯

一九六二年・十二月二十九日	《七鳳鬥魔龍》（又名《魔龍孤鳳》）	麗士影業公司 復興影業公司	黃鶴聲	李少芸	梁山人	余麗珍、林家聲、靚次伯、劉克宣、李香琴、任冰兒、英麗梨
一九六三年・一月三十一日	《七手八臂觀世音》	麗士影業公司	黃鶴聲	李少芸	／	任劍輝、余麗珍、靚次伯、李香琴、任冰兒、黎文、司馬祿郎（陸驚鴻）
一九六三年・二月二十日	《雷鳴金鼓戰笳聲》	大龍鳳影業公司	黃鶴聲	潘焯	／	林家聲、陳好逑、半日安、關海山、靚次伯、任冰兒、白龍珠
一九六三年・二月二十日	《玉龍太子出家》	麗士影業公司	珠璣	李少芸	梁山人	任劍輝、余麗珍、陳錦棠、靚次伯、李香琴、程麗、張生
一九六三年・三月一日	《清官斬孝女》	德利影業公司	陸邦	余巨賢	靳夢萍	麥炳榮、冼劍麗、陳錦棠、靚次伯、李艷芬
一九六三年・三月六日	《猴子兵華山救駕》	寶寶影業公司	黃堯	柳生	柳生	鄧碧雲、羽佳、鄭碧影、關海山、靚次伯、劉克宣、蕭仲坤
一九六三年・六月十二日	《黃泉會母》	寶寶影業公司	胡鵬	盧丹	潘焯	鄧碧雲、陳好逑、李鳳聲（李香凝）、譚蘭卿、靚次伯
一九六三年・七月三十一日	《仙鶴魔龍》	威龍影業公司	黃鶴聲	／	／	林鳳、黃超武、陳寶珠、靚次伯、李香琴、羽佳、黎雯
一九六三年・九月十一日	《紅線女夜盜寶盒》（又名《紅線盜盒》）	芳芳影業公司	胡鵬	李願聞、蔡旭	龐秋華	蕭芳芳、曹達華、鳳凰女、陳寶珠、靚次伯、劉克宣
一九六三年・十月十六日	《烽火恩仇十六年》	七喜影業公司	馮志剛	馮志剛	潘焯	任劍輝、羅艷卿、靚次伯、陳寶珠、石燕子、關海山、王超峰、任冰兒
一九六三年・十月十七日	《新夜弔秋喜》	冠生影業公司	黃鶴聲	黃鶴聲	吳一嘯	鄧碧雲、林鳳、半日安、靚次伯、鄧偉凡、艷桃紅、金影憐

一九六四年・二月十二日	《花開富貴錦城春》	大興行影業公司	珠璣	李願聞	李願聞、龐秋華	任劍輝、于素秋、靚次伯、任冰兒、劉月峰、袁立祥、賈醉鳳
一九六四年・二月十二日	《金箭銀龍》	麗士影業公司	珠璣	李少芸	梁山人	任劍輝、余麗珍、羽佳、靚次伯、李香琴、李紅棉
一九六四年・三月二十六日	《血掌印》	大成影片公司	珠璣	李願聞	龐秋華	任劍輝、吳君麗、半日安、靚次伯、賈醉鳳、馬笑英、劉月峰
一九六四年・四月二十八日	《無情寶劍有情天》	立信影業公司	黃鶴聲	潘焯	／	林家聲、陳好逑、靚次伯、半日安、任冰兒、關海山、白龍珠
一九六四年・五月十三日	《半壁江山一美人》	九龍影業公司	馮志剛	馮志剛	潘焯	任劍輝、南紅、李鳳聲、任冰兒、靚次伯、劉克宣、少新權
一九六四年・五月二十一日	《龍虎風雲劍》	大成影片公司	珠璣	李願聞	／	吳君麗、林家聲、靚次伯、林蛟、李香琴、蕭仲坤
一九六四年・十二月二十二日	《春鶯戲鳳凰》	大成影片公司	龍圖	李願聞	龐秋華	任劍輝、吳君麗、鄭碧影、靚次伯、劉克宣、任冰兒、少新權
一九六五年・二月一日	《雄心太子》	大成影片公司	王風	汪梨	／	吳君麗、李鳳聲（李香凝）、靚次伯、梁素琴、劉克宣、少新權、華雲峰
一九六五年・二月十六日	《大紅袍》	飛鷹影業公司	黃鶴聲	蘇翁	李願聞	任劍輝、羅艷卿、靚次伯、李香琴、關海山、任冰兒、張醒非
一九六五年・三月三十一日	《火鳳狂龍》	金碧影業公司	黃鶴聲	陳雲	羅寶生	鄧碧雲、林家聲、靚次伯、容玉意、王超峰、黎雯、張醒非
一九六五年・十二月一日	《雙拜堂》	天馬製片公司	楊帆	李願聞	／	梁醒波、南紅、莊雪娟、向群、石玲、靚次伯、許英秀、馬笑英、朱秀英、黎雯

一九六六年・三月十六日	《冤魂鏡》	華源影業公司	凌雲	馮一葦	／	林家聲、吳君麗、梁醒波、靚次伯、黎雯、李壽祺、張生
一九六六年・十二月二十日	《孝女珠珠》	志聯影業有限公司	秦晚濤（陳雲）	敏子	羅寶生	林家聲、陳寶珠、高明、靚次伯、鄭君綿、駱恭、李月清
一九六七年・一月十九日	《包公審烏盤》	金藝影業公司	凌雲	馮一葦	羅寶生	林家聲、吳君麗、梁醒波、靚次伯、吳殷志、甘露
一九六七年・二月八日	《玉郎三戲女將軍》	富有影業公司	蕭笙	李願聞	龐秋華	陳寶珠、蕭芳芳、靚次伯、李鳳、玫瑰女、李龍、陸飛鴻、張寶芝
一九六八年・一月三十日	《李後主》	仙鳳鳴影業公司	李晨風	李兆熊	／	任劍輝、白雪仙、梁醒波、靚次伯、陳錦棠、李清、蘇少棠、石燕子、石堅
一九七五年・二月八日	《三笑姻緣》	興發影業公司	李鐵	羅寶生	文采	龍劍笙、梅雪詩、梁醒波、靚次伯、譚炳文、李香琴、沈殿霞
一九七六年・一月三十日	《帝女花》	嘉鳳影業公司	吳宇森	／	／	龍劍笙、梅雪詩、梁醒波、靚次伯、朱劍丹、江雪鷺、梁家寶
一九七七年・二月十二日	《紫釵記》	金鳳影業公司	李鐵	唐滌生	唐滌生（大合唱）作詞／撰曲羅寶生	龍劍笙、梅雪詩、梁醒波、靚次伯、朱劍丹、言雪芬、尹飛燕、李鳳

212

213

註釋

一　此片乃《平步青雲》（上、下集）重新剪輯後重映。

二　此片乃由一九六零年之《孝感動天》剪輯而成。

附錄 DVD（隨書附送）

一 訪問聲帶選段

訪問：朱侶、黎彼得、小思、伍屬梅、陸離、張敏慧、鄭綺文、葉紹德

朱侶訪問

靚次伯名字的由來

佢因為似死鬼朱次伯，所以我個名就叫次伯。嗰陣我哋郁吓手投吓腳都係佢，同埋死鬼薛覺先，點知佢就叻喇，佢就叻先，佢個腳色點樣，就跟住佢靚乜靚物，好似我幫嗰個頭先講嗰個靚大方又靚，我同靚少佳做幾年又係靚，嗰陣靚顯做武生又係靚，嗰陣死鬼靚元亨又係靚，佢跟一脫脫。

日佔前後的風光

嗰陣自己當時得令，嗰陣文覺非做文武生，嗰啲戲冚把喇（全部）俾晒我做，唔係點解「新聲」幾大都要搵我過去啩，嗰陣真係我做晒正主咁滯，有鬚無鬚嗰陣都係咁做。何賢佢話：「老四，我同你幾十年老友，『人壽年』我都舉薦你去，家吓你過嚟幫吓我得唔得？」我話：「唔係唔得，我同佢嗰幾個咁咁……」佢話：「咁呀，咁又再諗諗啦。」諗得兩三日，再叫我過去，佢話：「老四，咁樣喇，你嚟得呢我就做番，你唔嚟暫時我呢班唔做住。」我就同劉口水講：「喂，我而家想唔做。」「咩呀，你想拉隊去邊處？」我話：「唔係，我暫時唔做住啫。」佢話：「你咩吖我唔知咩，有人搵你過去咩吖嘛！」我又無出聲。講得兩三日，我話：「老實喇，你哋呢班嘢都夠人嘅啦，我幾大都要去。」王中王話：「你去咪去囉。」係咁樣過咗嚟。……嗰陣眼核㗎。嗰陣和平後四六年返過嚟，返過嚟做，都係阿何賢叫我哋幾個組織做番，招牌呀，嗰啲送埋俾我哋，過嚟香港做。初初做都唔得，都係得幾成人工，至到正月整嗰套《晨妻暮嫂》出嚟，嗰陣就晚晚咁爆，去到邊處都爆。

學唱龍舟與坐車

講到着戲服，我哋往時做大戲，我哋勢唔偷懶，着親都袍甲，成日都頂住，坐喺度都要擺番個架子。我哋舊底古老呢，所謂南撞北，即喺啲台上口白呀，唱功呀，都挨挨哋好似京戲一樣，有得四成到。佢哋一味講拉腔，我哋粵劇嘅呢，嗰陣古老拉腔有無呢？有，不過好短，就無佢哋嗰啲拉腔咁長。死鬼千里駒嘅時代，有個小生沖，一出聲佢就好似我咁，出去就唱，嗰啲鄉下佬硬係鬧佢：「都唔係小生聲。」佢啲京班直情有啲多似子喉。我喺陳村叫嗰個龍舟珠，唱龍舟嗰個，跟住喺處，喺祝華年，佢連龍舟都唔唱跟住我，木魚呢，你唱到有板都得，就係要有氣。所以我唱親木魚我都要一條氣。舊底嗰啲車呀，推嘅之嘛，兩個轆咁，教我既花名叫做癲堂。嗰年同埋佢做，我做第三武生，有個幫佢嘅，成日話要打佢，佢驚起上嚟話扯。佢臨走嘅時候就合（去聲）我上去，「天平戲院呀？我教你坐架車」。佢教都係得啲大排路啫，個姿勢呀，乜嘢佢都係求其嘅啫，佢唔諗到架車點樣嘅款點嘅型，呢啲就自己諗落去。

黎彼得訪問

恨做戲

我就恨到呀，誓咗願，一日俾一餐飯我食就得嘅喇。（龍劍笙：哎吔，係嫁。唔係喎。）咁就真係自己咁誓願啫。（龍劍笙：係呀。）無裝香咁。（龍劍笙、黎彼得：笑）最叻就俾我做到個總生。總生係咩呀？（龍劍笙：即係咩呀？）即係啲下欄嚟嘅咋（龍劍笙：（笑），哦，咁就要食一碗飯都制。）有得幾百蚊一年呢，我就拜天拜佛喇。

熱天穿甲熱難擋

舊底拍我哋嗰啲七日鮮，慘呀！嗰日個市面就三十五度。（龍劍笙：呀，唔。）你聽埋先，三十五度，個個揹晒嗰啲甲。咩甲呀？即係銅片嗰啲。（龍劍笙：哦，哦。黎彼得：嗱，嗰啲晒住上。）揹晒不特已，所有嗰啲厚帆布，成個廠鋪晒。（黎彼得：嗱，吓。）慌住俾人入嚟。好喇，鋪完晒，打打光啦，十幾萬火，唉。揸住兩舊雪。（黎彼得：真係兩舊雪呀？龍劍笙：熱得滯呀。黎彼得：熱得滯就真。）你頂唔順，嗰條氣頂唔順，揸住兩舊雪。往日你揸到咁耐你就要放啦嘛，揸到無法子放得，成日揸住佢，溶咗又使人去……頂唔蒲，為到四十八度。

從做兵到武生

一脫脫人嘅，點解有啲改姓靚嘅呢？往時呢我哋出嚟嗰脫呢，多數啲人都係靚乜靚物，着緊十幾廿個，（黎彼得：靚少佳呀、靚榮呀）靚榮呀，唔記得咁多人啦。講到做大戲，我哋初出嚟學戲呢，我就十六歲出嚟。（黎彼得：十六歲。）少不免我哋嗰個時期就梗要趯一兩年兵㗎。（黎彼得：即係打筋斗嗰啲？）係呀，梗要嘅喇，朝頭早就梗要去。落鄉多，去嗰啲草披地，所謂「掾（踏）死草」。（黎彼得：掾（踏）死草？新名詞嚟喎！）唔係新名詞，即係嗰啲草地呢，朝頭早去練嘢呢，亂咁掾（踏），就叫做「掾（踏）死草」。嗰個時期，我就趯咗有年幾兵，一趯咗年幾兵嗰個時候，我就轉做戲喇，一轉做戲我就做呢個位，（黎彼得：就做武生。）就做武生。（黎彼得：你唔講我都唔知。）我無話過俾你聽呀乖侄。（龍劍笙：笑）咁我就一路做呢，咁我都算快㗎喇。一做咗呢個，第二年就做幫。即係趯一年幾兩年兵，一轉就轉武生，我哋粵劇就講武生，京戲就講鬚生。（黎彼得：唔，唔。）咁做第三個，第二年就第二個，第三年就當正，我都算快㗎喇。（黎彼得：一年升一級。）一年升一級，一路做，做到今年八十一喇。

小思、伍屬梅、陸離、張敏慧訪問（一九八零年）

從前無排戲

無排戲嘅，（龍劍笙：咁咪就係話你地叻囉）嗰個時候，唔係叻呀，梗㗎，你叫排戲？「吓，咩叫做排戲呀？」你叫馬仔祥嗰啲，「乜你家吓至學戲呀？」（龍、梅：笑）佢反問你呀！「乜你唔學夠至出嚟嘅咩？」而家呢十幾廿年起首咁至排，以前不嬲都無排，係個生旦兩個正柱呢，你兩個坐埋就點樣，點樣小曲度吓。（張敏慧：嗰時你係專學武生抑或樣樣都學？）專門。我十九歲做呢個位，做到今時今日，十九歲。（張敏慧：如果學做個武生初初要學啲咩？）好多嘢學，好難學，所以我哋出嚟嗰陣學呢個位呢，都仲興極一時嘅。呢個位嗰陣都好紅嘅個位。一出咗呢個死鬼薛覺先呢，咁就漸漸，漸漸咁就俾佢滅吓一啲，滅吓一啲。往時呢，無啲，揸部曲，即係好似過埠咁，今日睇就今晚做嘅喇。

文武鬚生之由來

我同死鬼老揸呢，郁吓手投吓腳都係死鬼朱仔嘅，郁吓手投吓腳，佢見到我哋學得咁似，所以就搭佢個名，要我搭佢。（梅雪詩：佢隘你咁嘅？）唔係佢隘，即係散咗班第二年，郁吓手投吓腳，一雷天下響嘛往時啲戲班……當堂第二年頌太平就話：「喂！」由嗰個時候嚟喇，「喂，訂番呢個嘢都好喎，佢好似朱仔喎，成個都係喎！」嗰陣老揸未……，訂我去「頌太平」，佢話：「我同你改個新名詞吖嗱」，我話：「咩新名詞？」「你收咗訂先啦，得嘅喇！」我以為佢又訂番我做武生，啊，一拎個紙，第二朝一睇吓嗰張街招，「文武生」咁，點解會有咁嘅名稱？文武生，我即刻問佢，「我話咩叫做文武生呀？」嗰陣係無㗎嘛，佢話：「嘿，而家新名詞吖嘛，我訂得你呀，做靚仔戲嘅！」乜唔係喏嗰陣我都係廿一歲之嘛（大家齊齊笑）做咗兩年武生之嘛，佢訂我嗰陣都係廿一歲咋！咁我就番去揸住個鏡喺度笑（大家都笑）嗰度都無問題，一諗吓我個大佬喺個班度做正小生嗰年，小武就新周瑜林，嗰個網巾邊就叫做靚蛇仔，我個第三大佬做正小生。我諗吓，咦，咪同個大佬爭食？邊處咁多靚仔做，諗吓，愈諗愈……即刻返去公司，嗰啲大公司嚟嘅！我話唔得喎，你訂我啲位，做靚仔我唔做。佢話：「你拎得我訂咩你唔做呀！乜你都敢講。」我話：「唔係我親自接你嘅喎！』嘿，你個半邊師父話嘅嘛，話佢接就得啦嘛。」邊個嚟嘅？胡劍光個老竇同我接嘅。（龍劍笙：哦，佢係你半邊師父。）我話：「我唔做得哩。」佢話：「乜你咁茂滯嘅，乜你家吓好年紀老咩？你家吓得嗰廿歲左右，我訂你做文武生益咗你呀！」講極都講佢唔得，我話：「我俾番訂你喇。」佢話：「唔得，俾番訂我唔得。」我話：「點至得嘅？講極都唔通，講到我話，喂，你如果再俾我做埋靚仔，我話同個大佬爭食喎，點呀？」佢諗諗吓，我講佢聽啦直情，呢個做靚仔要做正主角嘅新周，呢個靚蛇仔唔搽白鼻嘅又要做靚仔，我大佬做小生唔使講都係啦，如果我做埋冚四個靚仔，嗰啲戲點搞？佢諗諗吓，佢無出聲，我睇佢嘅意思咋，「你想點至做呀？」我話：「你咁樣得唔得呀？」「唔係喎，我印晒街招嘛。」我話：「好閒啫，你將個街招文武生，你整多個『鬚』字落去。」夾硬要佢整多個『鬚』字，佢話：「人哋個版梗咗嘛。」嗰個時候自己唔知好似懶在行咁，我話：「攞舊蕃薯印就得啦！」「乜咁呀，好啦好啦，你話唔做就唔得，好啦，從你啦。」係咁，一路就到家吓。

戲班往事

《沙陀國班兵》，即係李克用，即係《六郎罪子》之類，不過嗰陣我哋都好少做《六郎罪子》。《六郎罪子》即係唱最緊要係〈探母〉，〈探母〉同啲京劇啲曲詞啲曲白一式一樣，啲多都無減。即係嗰隻《平貴回窰》舊底係我哋做嘅嗰。（龍劍笙：你哋嗰陣時係做全男班，男花旦嘅呵？）全男班，無男女班，你哋師父嗰陣都係做（龍劍笙：全女班。）全女班做下啲公司、大新天台。舊底啲鄉下佬，唔愛嘅！（龍劍笙：全女班？）唔係全女班。（龍劍笙：唔愛乜嘢呀？）男女班唔愛。（伍屬梅：幾時先至轉咗去做男女班？）男女班就由呢個馬師曾同埋死鬼薛覺先嗰陣，因咩佢哋又會咁樣呢？因為嗰個時候啲賊匪剩係打單拖，整到佢兩個驚起上嚟，唔落鄉，俾重重佢都唔落鄉，只有做省城、香港，做兩處地方。嗰陣係盜賊如毛，就陳濟棠嗰時候都係，一出呢個「白蜆殼」，即係河南嗰啲地方出嚟，嘩，就嚟，大天二。（小思：咁你哋嗰時做戲會唔會受到啲欺侮？）乜冇呀！至得意，我哋被劫過，幾個位劫晒，劫我唔到喎。嗰日唔知自己着嗰啲甩青嗰啲綢衫褲，……，車大炮。嗰兩聲「啪啪！」，我哋聽以為燒炮仗。停咗船，咦，喂停船喎！我哋話：「唔好理，唔知做咩。」哦，一停咗船，嗰啲上上到嚟，揸住個駁殼，搵人，搵邊個邊個邊個，好喇，搵到靚次伯，周圍都搵唔到，嗰幾個呢，就駛隻艇仔找佢。「你哋過先，等我搵埋佢咋。」一見見到嗰個公腳，叫做公腳，頭先我都未講有個公腳，專做啲老嘅，係粵劇至有㗎，老到行唔郁，無咩戲做嘅，係做路遙訪友嗰時候，我哋出嚟嗰陣，嗰啲公腳都係無乜點做法，有又有，好少。個公腳就生得肥肥白白，「做乜嘢？」「快啲落船，靚仔！」，一整整佢落去。佢話：「你當我係咩？」「怕唔怕！佢哋幾個都過去，爭在你咋，次伯！」佢仲噏埋，佢話：「我唔係呀！」「唔好多講！」過晒去，見晒，嗰個公腳話：「佢當我靚次伯。」嗰啲人話：「唔係，呢個公腳嚟。」「點解周圍搵佢唔到呀？」算佢好彩，駛隻艇棹番呢個過去，係咁我甩咗身。無嘢，嗰陣佢唔係攞命，攞錢啫！又要幾多高麗蔘，要幾多笠衫，要幾多香港紙，又話要兩對翡翠玉鈪，提起就慘極！

劈正本

（張敏慧：咁你哋武生初初學嘅時候有無邊幾樣功架或者功夫一定要學？）有，練口鬚……，做武生嗰個時候，要擔正本。文武，嗰陣即係做你個位咁淒涼嘅。（指着龍劍笙說。）劈正本，梗要你劈正本，最少都要兩日。四日日戲裡，最少劈兩日。嗰啲日戲幾慘嘅，嗰時做《伍員夜出昭關》，兩點鐘出台，九點鐘至散場，一日日戲，一路做四節戲。做〈探母〉就唱死喇，三個幾鐘頭，照晒曲白咁做。日場散至少都九點鐘，開飯喇，你一開飯最多兩個半字，一到三個字就……「開台喇喎！開台喇喎！」

無觀眾都得演

冷到嗰晚呢，冷到根本包天光睇又點都無人睇戲，（笑聲）冷過頭。點知遇啱兩個啲道友，拿住個手燈，就喺個戲棚腳嗰處，睇吓戲，未天光。遇啱嗰個……同埋拉扯，懶、心爽咁，做呢個《二老爺剃鬚》（笑聲），一個做佢個仔，一見，都無人睇嘛，「阿爸爸你貴姓名呀？」佢個仔又話：「好呀，阿爸爸未請教。」撞板喇，你諗吓兩仔爺問姓名？揸住個手燈連隨就一拮拮落個頭，講四邑話又話你搵丁。哈，你哋好睇喇，兩仔爺問姓名。（梅雪詩：佢真係睇緊戲嘅嗜。）一嘈起上嚟，咁就諸多講法，又話要罰兩本，諸多講法，無辦法，講極都要罰一日戲金。

口鬚不翼而飛

我初初做，我趯趯吓兵……，怕咩吖初學，唉，真係慘呀！出面一個人都唔見，真係，嗰對眼都唔知俾咩遮咗（笑聲）。車兩個身，嗰口鬚呀，嗰口鬚都唔知飛咗去邊（笑）。一返入嚟，「你口鬚呢？」「唔知咯」。俾個雜箱話：「乜你咁嚎，你快啲搵返嚟呀，你要賠。」嗰陣嗰一擔箱咩都齊，嗰陣冚把喇（全部）都係眾人箱嘛，好少有私家嘅。我哋出嚟嗰陣，好少好少，有都係嗰啲生旦都係三兩件，佢十六個大紅籠齊晒（龍劍笙：即係冇私伙）。搵極都搵唔到陰公，唔知飛咗去邊？（小思：點可以飛到咁高？）都唔明，一車……唔知，都話一個人都唔見，都搵唔到。舊底九衣十雜齊晒，九個衣箱十個雜箱，嗰啲地方……被啲板，上去第三格，一格兩格三格，好高喇喎。正印瞓頭一格，有個正衣箱，有個正雜箱，而家就冚把喇（全部）撈埋晒之嘛。佢九個衣箱，雜箱十個，嗰啲正衣箱就瞓喺頭一格，嗰啲地方鬼叫人嘅就瞓喺第三格，整兩塊床板。嗰時啲鄉下無蚊帳，都唔瞓得嘛，咬都咬死。哈，俾佢拆蚊帳，勾喺嗰……（哈哈笑）（龍劍笙：噉你fing多次你都未必fing得到上去）邊度fing得度咁高啫！（小思：但係嗰時你都學師學咗好耐，乜出場仲係驚？）驚，初次做戲，我嗰陣趯兵咋，趯兵仔之嘛。

舊時少新劇本

一齣戲有排做，你估好似家吓咁咩，你睇吓我哋做咗正主，埋咗「人壽年」喇，我埋了三年「人壽年」，都係做咗六套戲咋！三年呀，一年得嗰兩套咋，至記得嘅嘞我，《龍虎渡姜公》、《十美繞宣王》……係呢兩套咋，三年，六套。（張敏慧：咁而家啲新戲成日都有新劇本曲本，你覺得吃唔吃力？）當然，我哋家吓睇曲譜好吃力，印都印唔落，無記性嘛，最慘睇完唔記得，出到去都咬脷。哈，你話呢年老就係咁嘅，哈，嗰陣後生唔會，好伶俐嘅後生，我一睇就，瞄吓就出去做，嗰陣咁架勢，嗰陣自己都話自己架勢，你呀點都有七八成，你暫時過吓目，咁睇吓咋嚁！

現在觀眾要求高

依家啲觀眾呢比較仲嚴格咗，嚴格咗好多。舊底嗰啲戲呢就求其做吓，佢哋都落力做，都係咁照做，不過唱呀，剩係生旦多數都係唱呀做呀，佢嗰個時候亦收得到錢。依家唔得嚟，你話指意就咁唱呀做吓好似往時咁唔得嘅，依家仲有一種要合體合群添，要合群……當然係生旦做主啦唔使講，仲要合群。（張敏慧：即係而家仲辛苦好多？）當然啦！依家做啲戲呢無論如何都要排。

鄭綺文、葉紹德訪問

舊時角色

嗰陣「人壽年」做咩呢？《龍虎渡姜公》。（鄭綺文：同埋靚少佳。）無錯喇，係喇，嗰時呀少佳呀、林超群，而家林小群個老竇，龐順堯呀嗰啲。後生吖，唱幾句龍舟，嘩……。由嗰個時候呢，我做咩呢？姜子牙、呢個蘇護……（鄭綺文：妲己老竇）、同呢個文太師（文太師開面喎）開金面，仲有呢個黃滾，黃飛虎個老竇。（白鬚白髮）係喇，乜都做齊啦嗰個時候。

日佔時期組班生涯

當其時就咁，我哋喺呢個利園山，而家即係國貨公司嗰間。（葉紹德：利園山道啦）我哋就喺嗰度住啫。好喇！打到嚟喇！嗰陣有啲防空洞，嗰陣咁啱嘅嗰條街，（葉紹德：白駒榮喺嗰度住）白駒榮啦、曾三多。我唔記得，好多呀嗰條街，朝頭早都「轟！」炮響，朝頭早天光大白，唉，慘喇，嗰啲防空洞，我哋個個匿晒入防空洞嘅咋！嗰陣白老七呀、曾三多個個都喺晒處，佢哋唔出嚟。我就知道打咗第四日喇，嗰陣將近四點鐘到啦，炮火停。我就近吖嘛，喺個防空洞口出嚟，一出嚟，嗰陣我就有個蝴蝶女呀，就喺街尾嗰度住，就挖返過嚟，要工人即刻煮飯。食咗頭嗰碗咋，啲炮聲又嚟「轟！」我哋又走頭喇，又轉返入去防空洞。嗰陣好撈攪（亂），嗰個時候夜晚真係，嗰啲日本兵周圍去強姦，多之至啦。唉，睇見就好慘，你硬係呢，熄晒燈閂埋門，無聲至得，一有聲嗰啲兵哥又上去喇。嗰啲人教我哋去咷告嗰啲憲兵隊，「喂，你啲兵哥咁樣咁樣周圍強姦。」佢話：「你哋唔使講，唔使傳話，佢話呢啲各國不免嘅喇，過三日，過三日嘅啫，唔使講我哋知道晒，無得傾。」咁就至到成個多月呀！重組番，個多月先搵着邊個？搵着薛覺先，嗰個咩和久田，佢話：「喂，你哋要重組戲班，我哋要共榮圈。」（葉紹德：嗰時日本仔粉飾昇平）幾大你都要做，嗰陣好啦，我哋商量過啦，搵着死鬼馬老大，馬老大就唔出聲我又唔出聲，馬老大預備走頭，薛覺先嗰陣催得佢緊要過頭，咁就，「喂，你叫啲人點做番戲呀！米又冇！」（葉紹德：乜都冇，冇得食嘛）跟住和久田話：「你哋要米之嘛，（葉紹德：好易啦。）得，你哋多多都有，你哋組織番啦！」嗰陣薛覺先都睇怕無交易㗎，睇怕咁爽神？咁就姑且……咪開會囉，開會就講講講，無辦法啦，迫到嚟佢要你做你無法子唔做，唔得嘅喎，就做喇，咁呀點樣有米派呀？「嗱，你放心，唔曉出聲嘅都有。」（葉紹德：係戲班都有）係戲班，哈……講出嚟笑話，初出世牙牙仔唔曉講嘢都有一份，每人一個人一日二斤，……（葉紹德：嘩，好犀利二斤米）聽聞，嗰陣得幾多人，數勻個香港得嗰二百人左右咋（即係做戲嘅），個個走晒，搵着個薛覺先嚟搞，搞到之後，五日領一期，（葉紹德：領米）一個人五日有十斤喎！點食呀！整吓嗰啲親戚姨媽姑姐朋友，「喂，我哋入會得唔得呀？」得！個個兩個銀錢入會，（葉紹德：加入八和）整到四千幾人，嗰陣真係做咗小孟嘗，派俾人食，我就派，人哋就唔知點。（葉紹德：一路都喺香港做）一路做，一路做到同阿儂（葉紹德：陳艷儂）、羅品超重組上去廣州海珠戲院。

拍戲好過上廣州做大戲

白駒榮就叫我哋有心上去做吓，大家交流吓呢，講到少芸就非常之踴躍，話要上，咁呀我哋都傾得有八八九九，傾完呢，點解我哋要返落嚟先呢？因為我哋再早接咗有兩個台腳嘅，所以要返落嚟做，咁我同佢斟傾妥咗呢，預定做埋嗰兩個台腳呢，之後我哋就返上去做嘅喇，點知適啱有個羅志雄，個同事，做導演嘅，佢話黎同志上去大陸喇喎，等我拍佢兩套戲等佢威水吓至上啦，請我拍咩呢？拍包公，拍咗兩場戲啫，兩場咋嚕，拍包公，係我嗰兩場。舊底你知道啦，嗰啲……佢拍都係十二日到咋，（葉紹德：好緊要喇）係呀佢拍囉，佢認真吖嘛（葉紹德：認真嘅嘞），逐場睇嘅，嗰啲戲院買，一睇睇個包公，「喂，呢個邊個呀？」咪問，佢咪講，佢話：「喂，呢個嘢使得喎！使得喎！」一傳傳出嚟，日日有積紙（Cheque）到喇！「你幾多銀㗎？」嗰陣我不二價，兩千蚊一套，（葉紹德：嗰時五十年代兩千蚊好好嘅嘞）兩千蚊死硬派，日日咁隊啲積紙嚟，咁我心諗，咁我唔上囉。

唐滌生分戲勻

佢（唐滌生）就從來個戲都分得好勻，佢都梗俾人做（葉紹德：即係行當分得好勻）。不過咁嚕，你總要呢，佢俾得嗰個角色你做，你出去要擒得住！

新加坡觀眾愛看封相

（葉紹德：因為我所知呢一九六七年何少保訂你過去新加坡，嗰晚唔封相冇人睇嘅）都話喇，做咗廿二晚戲，做十九個封相。（葉紹德：即係唔做封相冇人睇嘅。）（鄭綺文：呢個我睇喺戲行都係創舉，人哋都係頭一晚登台開鑼鼓、封相嘅啫）個陳錦棠話點解你應承？我話何少保話你答應在先喎，「講笑搵第樣吖！」……我話何少保喊呀。

欣賞馬連良鬚功

呢啲就無他嘅，呢啲自己肯練之嘛。因為馬連良佢有口鬚，嗰吓功夫呢我好佩服……，佢嗰口鬚點嘅呢？佢又唔知係咪搵嘢吊住，嗰口鬚咁長吖嘛，佢好似嗰啲舞獅子嘅，整三吓啫，嗰吓我就五體投地喇！（鄭綺文：即係嗰口鬚可以好似波浪式咁抖三抖嘅）唔係俾手喎！（鄭綺文：係嗰口鬚自己）係，呢下真功夫嚟嚁，叻呀五體投地。（鄭綺文：即係你玩嗰幾下咁啦，又係真功夫）佢幾鍾意我㗎，死鬼馬連良。（鄭綺文：咁你有冇同佢交流吓？）何止交流呀，佢專登叫我上去呢個普慶戲院，第二次呀，同趙燕俠、張君秋、裘盛戎、佢呀，嗰個係老小生姜妙香。（葉紹德：嗰時係一九六三年京劇團嚟香港）影埋啲相，佢話「喂，你留唔留低？」，留唔留低。

鬚功的竅門

我唔敢講咩力度，你不過玩熟佢呢，即係練到佢純粹、純咗，你啲多歪咗佢都唔得嘅。（鄭綺文：咁你通常喺邊一種場合、邊一類戲情形底下用得比較多？）譬如好似，即係崇禎殺女嗰個時期，不由自主嗰陣，都唔知點喇，嗰啲就得啦！（鄭綺文：即係比較複雜嘅心情）係，嗰啲就得，嗰啲叫做功……（鄭綺文：要思考，要諗喇，頭又震埋，手又震埋嗰個時期個鬚就可以發揮）……我哋啲叔父教：「你出台呢，你要啲觀眾，喂！你睇住我！你要睇住我嘅！佢話你有道咁嘅心理你就得喇。」

龍舟與木魚的一切

（葉紹德：龍舟係咪同個木魚有分別嘅？）分別，有，（葉紹德：龍舟有鑼鼓。鄭綺文：個節奏感唔同啲）有節奏有板啲嘅。木魚呢，你唱到佢有板都得，就係要有氣喇，所以我唱親木魚我都要一條氣，撩哋腔等佢圓滑啲。

同時播放之圖片說明

【一至十四】南洋戲橋，演出年份不詳。【十五】廣東省八和粵劇協進會會員證【十六至十九】四十年代澳門演出廣告【二十至二十七】四十年代香港演出廣告【二十八】一九四八年新聲劇團特刊【二十九至三十】五十年代香港演出廣告【三十一】成立於一九五三年的香港八和會館會章【三十二】靚次伯的香港八和會館會員證【三十三至三十四】六十年代香港演出廣告【三十五】《秦瓊賣馬》唱片宣傳小冊子【三十六至三十七】《暴雨折寒梅》唱片宣傳小冊子封面及內容【三十八】靚次伯所用的曲譜【三十九】一九七六年演出《再世紅梅記》在日本的報道【四十】靚次伯在雛鳳鳴劇團的工作證【四十一】一九九六年靚次伯專場場刊【四十二】攝於一九三六年【四十三】攝於三十年代初【四十四】三十年代美國登台時攝【四十五】攝於四十年代【四十六】攝於戰後不久【四十七】攝於五十年代末【四十八】攝於五十年代【四十九】一九四零年與妻子何漢英及兒子黎玉樞於虎豹別墅遊玩，時剛從美國返港。【五十】一九六零年農曆年與妻子何漢英及兒子黎玉樞，攝於百德新街住所。【五十一至五十四】一九六一年家居照片，攝於百德新街住所。【五十五】七十年代攝於新加坡【五十六】靚次伯美國登台時攝【五十七至五十八】七十年代與新加坡同業攝於檳城皇家花園【五十九】七十年代與歡樂劇團成員梁醒波（左二）、波嫂（一）攝於新加坡【六十】戰後不久與任劍輝（右）、白雪仙（中）攝於澳門【六十一】六十年代攝於陳錦棠（站立者）的筵席上【六十二】六十年代與陳露薇（前排左二）、羅麗絹（前排右二）、石燕子（前排右一）及陳錦棠（後排右一）合照。【六十三】圖中左起為梁玉崑（提場）、麥炳榮、南海十三郎、靚次伯、關海山、黃炎（班主），攝於六十年代。【六十四】六十年代與石燕子（前排左四）、任劍輝（前排左六）、新馬師曾（前排左七）、鄭碧影（前排右七）、白雪仙（前排右五）、梁醒波（前排右四）、羽佳（前排右六）合照。【六十五】六十年代初與大世界戲院東主張太太（左一）、羅艷卿（右二）及馮寶寶合照。【六十六】六十年代與陳錦棠（左一）、羅麗娟（左二）、鳳凰女（右二）及石燕子（右一）一起，為絲綢店剪綵。【六十七】一九六一年與半日安（右）合照，攝於容龍別墅。【六十八】圖中左起為任劍輝、白雪仙、靚次伯、任冰兒、徐時（「仙鳳鳴」經理），攝於六十年代。【六十九】一九六一年與任冰兒（左二）、兒子黎玉樞（左三）、半日安（左五）、關海山（左六）、紅荳子（右四）、陳好逑（右三）合照，攝於容龍別墅。【七十】六十年代初與雛鳳鳴劇團主要成員合照，中排為徐時（左一）、任冰兒（左三）、梁醒波（右四）、白雪仙（右五）、任劍輝（左六）、靚次伯（左七）、孫養農夫人（右八）、張淑（右七）。【七十一】七十年代與麥炳榮（前排中）、何建章（《華僑日報》總編輯，前排右一）合照，攝於金漢酒樓。【七十二】圖中前排為吳美英（左一）、新馬師曾（左二）、陳錦棠（左三）、何賢（右三）、羅艷卿（右一），後排為朱劍丹（左一）、言雪芬（左二）、梅雪詩（左三）、龍劍笙（左四）、靚次伯（左五）、任冰兒（左六），攝於七十年代。【七十三】一九五八年與化妝師謝澤源（陳文輝的師傅）合照，攝於電影《梁祝恨史》攝製期間。【七十四】七十年代與賽麒麟合照　【七十五】六十年代領受錦旗時攝　【七十六】因熱心公益獲港督麥理浩表揚，攝於七十年代。【七十七】七十年代到廣州教授傳統功架　【七十八】七十年代與雛鳳排練時攝，左二為音樂師朱毅剛。【七十九】一九八九年與黎鍵（前排右）、阮兆輝（後排左）及陳國源（後排右）合照　【八十】圖中前排左起為宮粉紅、靚次伯、尤聲普，後排左起為林蛟、阮兆輝、尹飛燕、鄧奕生，攝於八十年代。【八十一】八十年代與新馬師曾（前排左二）、麥炳榮（前排左四）、白玉堂（前排右三）、黃炎（前排右二）、南紅（後排左四）、吳君麗（後排左五）、鳳凰女（後排右五）、紅線女（後排右四）、林家聲（後排右二）合照。【八十二】一九七九年與廣東粵劇團合照留念，前排為江雪鷺（左一）、梅雪詩（左二）、言雪芬（左三）、龍劍笙（右三）、朱劍丹（右二）、蕭劍纓（右一），二排為黃炎（左一）、靚次伯（左二）、梁醒波（左三）、袁耀鴻（左五）、新馬師曾（右四）、何非凡（右三）、陳錦棠（右二），陳非儂（右一），三排為紅荳子（左一）、李香琴（左二）、尹飛燕（左三）、陳好逑（左四）、吳君麗（左五）、李寶瑩（左六）、林家聲（左七）、羽佳（左八）、黃夏蕙（左九）、白雪仙（右九）、李沖（右八）、羅品超（右七）、任劍輝（右六）、蘇少棠（右五）、南鳳（右三）、祥嫂（右二）、霍強（右一），最後排為阮兆輝（左一）、關海山（左二）、新海泉（左三）、羅艷卿（左四）、羅家英（左五）、尤聲普（左六）、鄧偉凡（左八）、梁漢威（右六）、林錦棠（右三）。

二　訪問錄像帶選段

主持：黎鍵

嘉賓：阮兆輝

香港中華文化促進中心

三　《張巡殺妾饗三軍》

靚次伯、李慧合唱

〔第一段〕

〔披星頭〕〔叻叻四古頭架〕〔生唱武西廂〕圍城呀敵兵困重重呀，危城呀力孤勢窮呀，孤軍怎能廝殺衝鋒，力戰呀交鋒，敗退匆匆，大勢已搖動。唉，心痛，心痛，悲滿胸，未奏呀膚功，未奏呀膚功，〔撇喉慢板〕（枉有）霸王之勇。

〔旦慢板〕勸夫郎毋自餒，應要發奮，為雄。

〔生慢板〕正勵雄心，何曾自餒，無奈寡難敵眾。

〔快白欖〕將無能，兵無勇，屍骸片野血流紅，旦夕不保城，惟仰天悲慟，天悲慟。

〔旦唱雁落平沙〕此城失守抗爭無用，抗爭無用，夫君不必再爭鋒，棄官可免被殺，毋將性命送，當求避凶。

〔生爽口中板〕浩然氣壯貫長虹，拚擲頭顱將命送，勢難屈節辱英雄，〔花〕怕死者可逃生，你勿再將吾煽動。

〔第二段〕

〔旦中板〕果然不愧好英雄，儂豈貪生謀反動，不過存心相試，幸勿記在心中，〔花〕願助你死守孤城，存亡與共。

〔沖頭副將白欖〕我走沖沖，三軍為無糧，人人心驚恐，若不早為謀，恐怕軍心有變動。〔生花下句〕哎呀呀，傳令烹屠戰馬，饗遍軍中，明日我自有良謀你地毋須驚恐。

〔副將白〕得令。〔沖下介〕

〔旦長句二王〕夫呀，殺馬作飢充，燃眉為急用，又怕兵多糧少，一樣徒勞無功，明日若無謀，恐怕你再難服眾。

〔生長句二王〕唉，殺馬雖無功，從權急採用。

〔第三段〕

因為若無糧饗，難以召聚兵戎，事急馬行田，惟先濟目前急用。

〔沖頭副將白欖〕報元戎，馬少餓兵多，全營皆騷動，軍馬都殺盡，只餘坐騎玉花驄，佢話不殺元戎馬，事實就太不公。

〔生快花〕唉吔，區區一戰馬，何必要報呀元戎，傳令殺此名駒，以饗軍中大眾。

〔旦減字芙蓉〕將軍無駿馬，怎可以上陣去交鋒。請再為別謀，計當求有用。

〔生減字芙蓉〕為把軍心來鼓勵，才有捨此玉花驄。須知馭下要公平，始能服大眾。

〔旦反線小曲〕服眾，服眾，食馬焉能服眾。〔反線二王〕振軍心，儂有計，不若烹宰愛儂，捨生命，為肉餐，相信較為有用。

〔第四段〕

〔生悵填胸〕唉吔，卿卿休太癲瘋。卿卿休太癲瘋。

〔白欖〕殺嬌妻，求服眾，我寧自殺，亦不從，亦不從，

〔續唱〕驚烈五中，五中，五中。

〔旦唱戲妲己〕君休看重，恩深愛重，殺了嬌妻當服眾。

〔生唱尾句〕哎呀，唔通你發夢。

〔旦反線中板〕念三軍，誰無妻妾，個個都別愛從戎。你是大將軍，掌握兵權，懷內有嬌妻抱擁。〔催快〕不殺名駒是不公，不捨嬌妻何以服眾，他日城亡亦不保花容。〔花〕何不殺我以勵軍心，或可把人心激動呀。成仁一死，死亦要從容，忙拔劍自戕。

〔一槌〕〔生花下句〕唉呀呀，忍見血如泉湧。〔拉士

字腔〕〔快花〕呀呀呀，可憐妻呀！慘令英雄掩面，悲憤填胸，含淚送遺屍，遍饗軍中大眾。〔介〕羞煞昂藏七尺，不及呢位巾幗英雄。

同時播放之圖片說明

【一】三十年代美國登台時攝 【二】一九四三年參演新聲劇團的《紅樓夢》時攝，左下圖左二為上海妹；右下圖右一為新丁香耀，左二為白雪仙。【三】一九四三年演出《紅樓夢》時攝，左起為新丁香耀、靚次伯、白雪仙、歐陽儉、任劍輝。【四】圖中左起為靚次伯、白玉堂、何非凡、余麗珍，攝於五十年代。【五】四十年代與白雪仙（左）、上海妹（右）同台演出。【六】與梁醒波（右一）等同台演出 【七】一九四三年演出《紅樓夢》，左起為靚次伯、任冰兒、歐陽儉、白雪仙、任劍輝、陳艷儂。【八】演出《六國大封相》【九】與何非凡（左一）、梁醒波（右二）、陳錦棠（右一）同台演出。【十】與羅劍郎（右）合照 【十一】六十年代在慶紅佳劇團與羽佳（右）及李香琴（左）同台演出 【十二】六十年代演出金兀朮 【十三】靚次伯 【十四】五十年代與羽佳（右二）、楊業宏（左二）同台演出。【十五】靚次伯 【十六】一九六四年演出電影《無情寶劍有情天》時攝 【十七】一九六一年在仙鳳鳴劇團的《白蛇新傳》中飾演法海 【十八】六十年代在電影《李後主》（一九六八年公映）中飾演陳喬 【十九】在家寶劇團與李寶瑩表演坐車功架，攝於六十年代末、七十年代初。【二十】靚次伯 【二十一】坐車功架 【二十二】一九七七年與梅雪詩演出電影《紫釵記》【二十三】七十年代與梅雪詩合照 【二十四】一九七六年在電影《帝女花》中飾演崇禎一角 【二十五】靚次伯 【二十六】演出《六國大封相》的造型

四 《韓湘子雪夜過情關》之〈雪擁藍關馬不前〉

天華影業公司

編後記

盧瑋鑾　張敏慧

擔起這本書的主編責任，可以說是件既偶然又不偶然的事。去年年初，仙姐在閒談中，偶然提到四叔的兒子黎玉樞先生很想為父親出版一本近似紀念冊形式的書，可是無從入手，看我們有沒有辦法幫忙。事有湊巧，此時黎先生也剛從加拿大回到香港稍留，於是我們就見了面。

黎先生對父親的崇敬與想念之切，早在他捐資建校，冠名紀念靚次伯先生一事上，已知其情。交談中，更受其孝思感動，就當下答應了義務為他編書。

對於靚次伯先生，上一代的粵劇觀眾，自有深刻印象。他的舞台功架、造型、排場，特別在「仙鳳鳴」劇團的幾套唐滌生名劇中，實在令人難忘。加上電影如《大紅袍》、《三娘教子》、《碧玉簪》、《韓湘子雪夜過情關》等等，都充份表現了武生王的風範。而他那已臻化境的《六國大封相》坐車功架，更堪稱絕活，成為後學典範。一代武生王，而無較完整的文字圖片紀錄，留給後人景仰，未免可惜。作為敬佩他的觀眾如我們，答應了主編之職，恐怕也非偶然。

我們對黎玉樞先生說，為四叔編一本書，目的是為了紀錄他在粵劇歷史的足跡，讓後人了解他一生的藝術精神面貌，及對粵劇藝術工作的貢獻。因此可供後人研究的參考資料很重要，學術評論也該存在，而不是一種「娛樂大搜查」式的消閒刊物。黎玉樞先生很同意我們的設想。

我們自信有過編《姹紫嫣紅開遍——良辰美景仙鳳鳴》的經驗，以為編四叔的書，可以駕輕就熟，加上黎先生會提供自藏的豐富資料，包括演戲紀錄、四叔私人生活及舞台照片、剪報材料，大概整理一番，就可成事。誰料，事情並不如此簡單。

資料到手，一看才知道問題很大。黎先生保留的材料的確很珍貴，特別有關四叔私人照片、家族狀況等，均十分難得。但可惜剪報雖多，內容卻較重複，又欠缺日期與出處。「戲橋」廣告單張最寶貴，可是也一概欠列年份。所列年表，過份簡單，我們無法依據這些材料，重構四叔一生的故事。能符合編書目標的東西，還需從新做起。

於是我們做了下列工作，在建構過程中，同時也發現此書不足之處，寫出來，是檢討也是反省：

一　請人整理四叔粵劇演出年表——由於四叔演戲時間很長，演戲地域跨越滬省港澳南洋北美等地，在港演出的，還可請人追索當年報紙，其他地區的演出資料，由於人手缺乏，時間不足，就只好暫闕。故此年表並不完善。

二　請人整理四叔電影演出年表——根據香港電影資料館所藏，列出目錄共一百四十套，但相信仍非足數，希望他日補充。

三　請學者書寫帶學術評論的文章——整理各類剪報，發現幾乎全是娛樂版文字，包括四叔行狀、傳記、訪談、演講，大多重複，取其一即可。最可惜的是找不到嚴謹的評論，也缺專業評述。當年的目而觀的人都沒留下臨場紀錄，這一代的學者只能憑四叔晚年表演，及當年文字記載，推斷一些理念，寫出論文，又或用現今的學理解讀四叔的某些演出。這畢竟是難以彌補的缺陷，從這點也足見粵劇界一直以來，沒有建立完善的評論根基，具灼見的粵劇藝評人不多。就是有藝評人，他們的目光，多注視在全劇的整體性、編劇優劣、生旦演技等方面，極少談到如武生等其他角色。

四　口述與訪談——除了當年文字紀錄外，我們重視同時代人的意見。請同行講述對四叔的認識、印象，是一種活材料，可惜與他同輩的老倌，已多不在世，只好訪問後輩，從這些訪談中，還可見四叔行事為人，呈現了較立體的個性。

五　功架排場說明——四叔最膾炙人口的是古老排場，封相坐車、跳加官等功架。其表演，觀眾只懂說個好字，卻說不出造詣精到處何在。我們知道四叔晚年為傳絕活，曾特別表演了坐車，並存錄像，由阮兆輝先生旁述說明。可惜這個錄像版權屬香港電視廣播有限公司，不能借用，只能借用梅雪詩小姐提供的硬照，請尤聲普先生按照片口述。另刊朱振邦先生所寫四叔親授資料。

六　附送光碟——演藝最講光影留聲，本來設想，要把四叔最具代表性的功架片段輯錄，製成光碟，以輔文字之不足。可惜限於版權法例，無法實踐。但仍多方設法取得部份錄像，最後，得幸運唱片公司伍連昌先生無償送出唱片〈張巡殺妾饗三軍〉的版權，另又商請香港電台、香港中華文化促進中心借用四叔受訪及演講紀錄，製成光碟。在光碟中，讀者就可接觸四叔的聲影了。

七　光碟附文字輔助——由於各種影音收錄過程，有時雜音太多，有時口頭講話不清晰，為方便讀者聆聽，我們做了一件很吃力的工作，就是反覆聽取聲帶，寫成文字，以輔讀者。不過，其中仍有聽不清楚的地方，闕漏無法補救。

編輯過程中，才知道遇上那麼多困難，需要那麼多時間，幸而得到各方熱心人士幫忙，三聯書店給予出版，本書責任編輯更一直全力協助，不計奔波，爭取各項版權，使得是書順利面世，我們在此致以最深謝意。

最後，我們謹以此書向一代武生王靚次伯先生致敬。

鳴謝

《大拇指半月刊》
《明報》
《耆康報》
《華僑日報》
《戲曲之旅》
仁濟醫院靚次伯紀念中學
天華影業公司
牛津大學出版社
志聯影業公司
幸福唱片公司
香港中文大學音樂戲曲資料中心
香港中央圖書館
香港中華文化促進中心
香港文化博物館
香港電台
香港電影資料館
銀都機構有限公司

孔昭女士
尤聲普先生
古蒼梧先生
白雪仙女士
伍連昌先生
朱侶女士
朱振邦先生
阮兆輝先生
何思穎先生
余少華先生
岳青先生
吳靄儀女士
林家聲先生
唐嘉慧小姐
容世誠先生
梅雪詩小姐
許永順先生

郭詩詠小姐
陳澤蕾小姐
曾美如女士
葉世雄先生
葉紹德先生
詹樂文小姐
廖國森先生
鄭綺文女士
鄭學仁先生
黎彼得先生
黎鍵先生
蕭仲坤先生
龍劍笙小姐
賽麒麟先生
邁克先生
羅家英先生
關志剛先生

會成立週年聯歡大會
敦宗

前排左起為婉芬、翠霞、夢芸、軍捷、次伯、黎鏗、寶銘、烈豪、覺非、婉鳴、蕙蘭，後排左起為兆華、兆龍、有家、榮煒、水煒、錦洪、黎廣、文所、浪然、紫君。（原相說明並無姓氏）

責任編輯　李　安、陳靜雯
書籍設計　嚴惠珊
版式設計　淡　水
攝影／DVD 製作　袁蕙嫜

書　　名　武生王靚次伯——千斤力萬縷情
統　　籌　黎玉樞
主　　編　盧瑋鑾、張敏慧
出　　版　三聯書店（香港）有限公司
香港鰂魚涌英皇道一零六五號東達中心一三零四室
JOINT PUBLISHING (H.K.) CO., LTD.
Rm.1304, Eastern Centre, 1065 King's Road, Quarry Bay, H.K
香港發行　香港聯合書刊物流有限公司
香港新界大埔汀麗路三十六號三字樓
印　　刷　中華商務彩色印刷有限公司
香港新界大埔汀麗路三十六號十四字樓
版　　次　二零零六年十一月香港第一版第一次印刷
二零零七年二月香港第二版第一次印刷
二零零九年十一月香港第二版第二次印刷
規　　格　十六開（一五零 × 二四六毫米）二三六面
國際書號　ISBN 978-962-04-2652-0

Published in Hong Kong